Andreas Nimmerfall

Die europäische Datenschutz-Grundverordnung

Verbesserungsvorschläge für Software-Entwickler

AF121563

Bibliografische Information der Deutschen Nationalbibliothek:

Die Deutsche Nationalbibliothek verzeichnet diese Publikation in der Deutschen Nationalbibliografie; detaillierte bibliografische Daten sind im Internet über http://dnb.d-nb.de abrufbar.

Impressum:

Copyright © Studylab 2019

Ein Imprint der Open Publishing GmbH, München

Druck und Bindung: Books on Demand GmbH, Norderstedt, Germany

Coverbild: Open Publishing GmbH | Freepik.com | Flaticon.com | ei8htz

Inhaltsverzeichnis

Gender Erklärung V

Abstract VI

Abkürzungsverzeichnis VII

Abbildungsverzeichnis VIII

Tabellenverzeichnis IX

1 Einleitung **1**

    1.1 Persönliche Motivation 2

2 Die europäische Datenschutz-Grundverordnung **4**

    2.1 Zweck der EU DSGVO 5

    2.2 Geltungsbereich 7

    2.3 Verantwortlichkeiten und Pflichten 9

3 DSGVO im Unternehmen **15**

    3.1 Exkurs: Die IT-Infrastructure Library (ITIL) 16

    3.2 Besonderheiten für Softwarehersteller 19

4 Softwareentwicklung **22**

    4.1 Klassische Entwicklungsprozesse 22

    4.2 Agile Entwicklungsprozesse 23

    4.3 Andere Entwicklungsprozesse 25

5 Vorgehensweise **26**

    5.1 Fallstudien 26

    5.2 Experteninterview 27

    5.3 Literaturrecherche 27

6 Erweiterungen für Entwicklungsprozesse **29**
    6.1 Requirements Engineering 29
    6.2 Implementierung 32
    6.3 Test 35
    6.4 Betrieb 37
    6.5 Prozessanpassung 42

7 Fazit / Ausblick **45**
    7.1 Fazit 45
    7.2 Ausblick 46

8 Glossar **48**

9 Literaturverzeichnis **49**

Gender Erklärung

Aus Gründen der leichteren Lesbarkeit wird die gewohnte männliche Sprachform bei personenbezogenen Substantiven und Pronomen verwendet. Dies impliziert jedoch keine Benachteiligung des weiblichen Geschlechts, sondern soll im Sinne der sprachlichen Vereinfachung als geschlechtsneutral zu verstehen sein.

Abstract

Das Thema Datenschutz ist aktuell mehr denn je im Fokus der Öffentlichkeit. Die europäische Union hat durch die neue Datenschutz-Grundverordnung weitreichende Änderungen für betroffene Personen und Unternehmen verabschiedet, welche ab 25.05.2018 verpflichtend sind. Gleichzeitig ist in den Medien immer wieder von dramatischen Datenschutzskandalen zu lesen, von denen selbst einige der größten Firmen weltweit betroffen sind. Daher ist es insbesondere für Unternehmen sinnvoll, sich ganzheitlich mit dem Thema Datenschutz zu beschäftigen. Insbesondere Firmen in der Softwareentwicklungsbranche sind von den neuen Vorgaben betroffen. Die angebotenen Produkte und Dienstleistung müssen zukünftig den gehobenen Standards der DSGVO folge leisten. Das Ziel dieser Arbeit ist es den Softwareherstellern konkrete Verbesserungsmöglichkeiten für die internen Softwareentwicklungsprozesse aufzuzeigen, um den gestiegenen Anforderungen der DSGVO umfassend gerecht werden zu können. Dafür werden zunächst relevante Kapitel der DSGVO vorgestellt und erläutert. Anschließend werden die Vorteile bei der Verwendung von Best-Practices Sammlungen wie ITIL dargestellt. Durch Auswertung bisher vorhandener Literatur werden danach konkrete Maßnahmen, Vorlagen und Prozesse erarbeitet, die im Anschluss in die bereits vorhandenen Entwicklungsabläufe übernommen werden können. Dabei erfolgt eine Betrachtung aller üblichen Phasen eines Softwareentwicklungsprozesses. Die gewählten Ansätze besitzen dabei einen generellen Charakter, um möglichst jede Art bzw. Ideologie von Entwicklungsprozessen zu adressieren.

Abkürzungsverzeichnis

BayDSG	Bayerisches Datenschutzgesetz
BDSG	Bundesdatenschutzgesetz
DSMS	Datenschutz-Management-System
EU DSGVO	Europäische Datenschutz-Grundverordnung
GoBD	Grundsätze zur ordnungsmäßigen Führung und Aufbewahrung von Büchern, Aufzeichnungen und Unterlagen in elektronischer Form sowie zum Datenzugriff
ISMS	Informations-Sicherheits-Management-System
KPI	Key Performance Indicator
RE	Requirements Engineering
TOM	Technische und/oder organisatorische Maßnahmen

Abbildungsverzeichnis

Abbildung 1: Die DSGVO auf einen Blick 5

Abbildung 2: Übersicht der Stärken und Schwächen 6

Abbildung 3: Kostenunterschiede in den verschiedenen Projektphasen 23

Abbildung 4: Agile Prinzipien 24

Abbildung 5: Haupttätigkeiten des Requirements Engineering 29

Abbildung 6: Musterbeschreibung eines Testfalls 36

Abbildung 7: Incident Management 39

Abbildung 8: Exemplarischer Incident Managementprozess für Datenschutz 41

Tabellenverzeichnis

Tabelle 1: Grundprinzipien bei der Verarbeitung von personenbezogenen Daten 11

Tabelle 2: Pflichtangaben Verarbeitungsverzeichnis 14

Tabelle 3: Servicebereiche von ITIL 18

Tabelle 4: Datenkategorien innerhalb eines Löschkonzepts 32

Tabelle 5: Hilfestellungen während der Implementierungsphase 33

1 Einleitung

In einem veröffentlichten Statement zur Anhörung im jüngsten Datenschutzskandal um Facebook bekennt sich Mark Zuckerberg mit den Worten „It was my mistake, and I'm sorry. I started Facebook, I run it, and I'm responsible for what happens here" (Zuckerberg 2018, S. 1) zur Verantwortung für die umfangreichen Datenschutzverstöße im Rahmen der Affäre um die Weitergabe von personenbezogenen Daten an die Analysefirma Cambridge Analytica. Nach Schätzungen von Facebook sind durch den Datenabgriff von Cambridge Analytica und deren Partnern ca. 87 Millionen Nutzer betroffen. Durch ähnliche Vorgänge könnten jedoch Daten von fast allen der insgesamt zwei Milliarden Facebook-User abgegriffen worden sein (Beckedahl 2018). Das mediale Echo, sowie die Reaktionen von vielen Benutzern sozialer Medien zeigen, dass die bisherigen Regelungen zum Datenschutz nicht ausreichend sind. Dabei sind sich die verarbeitenden Firmen wie Facebook, Twitter und Co. ihrer steigenden Verantwortung nicht immer bewusst. Gerade durch die wachsende Bedeutung von sozialen Medien und den darin preisgegebenen Informationen über die einzelnen Benutzer, werden die gesammelten Datenmengen interessant für Analysefirmen. Die daraus gewonnen Erkenntnisse können für viele Zwecke eingesetzt werden. Dies reicht von der Entwicklung von Marketingstrategien bis hin zur politischen Einflussnahme auf Wahlergebnisse (Holland 2018). Die Europäische Union möchte mit einer neuen Verordnung zum Thema Datenschutz sowohl ihre Bürger schützen, als auch die Unternehmen, die deren Daten verarbeiten, stärker kontrollieren und sanktionieren. Durch die neue Datenschutz-Grundverordnung kommen dadurch bedeutende Änderungen auf die davon betroffenen Unternehmen zu. Obwohl die Inhalte der DSGVO seit April 2016 bekannt sind, macht sich bei vielen Unternehmen jetzt erst Aktionismus breit, da bisher keinerlei Vorbereitungen getroffen wurden (Haar 2018, S. 34). Für Softwarehersteller sind dabei ganz besondere Herausforderungen zu bewältigen. Teilweise sind diese für manche Unternehmen scheinbar nicht zu überwinden, sodass einige kleinere Spielehersteller ihre Online-Spiele lieber abschalten, als die durch die DSGVO geforderten Änderungen umzusetzen (Herbig 2018). Der Aufwand für die notwendigen Anpassungen würde dabei ein wirtschaftlich sinnvolles Maß übersteigen.

Im Rahmen dieser Arbeit, werden diese speziellen Herausforderungen ermittelt und dargestellt. Anschließend wird darauf eingegangen, welche Anpassungen im Rahmen eines Softwareerstellungsprozesses notwendig und sinnvoll sind, um den gesteigerten Anforderungen der DSGVO und deren länderspezifischen Spezialisierungsgesetzen gerecht zu werden. Es dreht sich also um die konkrete Frage, welche

Maßnahmen ergriffen werden können, um einen solchen Entwicklungsprozess zu gewährleisten. Dafür wird zunächst auf die DSGVO eingegangen. Es werden der Geltungsbereich sowie die, zur Beantwortung der Frage nach einem datenschutzkonformen Softwareentstehungsprozess, wichtigsten Eckpunkte erläutert. Anschließend wird deren Bedeutung für Unternehmen mit Fokus auf die Softwareentwicklungsbranche anhand vorhandener Literatur geklärt. Nachfolgend werden anhand konkreter Beispiele einige Methoden und Vorgehensweisen dargestellt, welche eine Antwort auf die obige Fragestellung liefern sollen. Als Grundlage hierfür dienen vorhandene Ratgeber und Best-Practices im Bereich der Prozessbeschreibung. Es sei jedoch darauf hingewiesen, dass diese Arbeit keine generelle Abhandlung über die DSGVO mit detaillierten Betrachtungen all ihrer Facetten ist. Dies würde zum einen den Rahmen dieser Arbeit sprengen, zum anderen gibt es zu diesem Thema bereits zahlreiche Fachliteratur. Außerdem ist es, unter anderem aus den gerade genannten Gründen, nicht das Ziel dieser Arbeit eine Anleitung oder Handlungsanweisung zur Vorbereitung oder Einführung der DSGVO in alle Bereiche eins Unternehmens zu liefern. Vielmehr geht es um den Teilbereich der Softwareerstellung bei einem Softwareanbieter. Jedoch ist auch hier anzufügen, dass der Umfang der Arbeit nicht ausreichen wird, um ein komplett ausgearbeitetes Prozessmodell mit allen Aspekten durch alle Phasen des Entwicklungsprozesses bereit zu stellen. Es ist viel mehr das Ziel, dass am Ende allgemeine Vorschläge und generelle Denkanstöße existieren, die sich durch Experten verfeinern und in die unternehmensindividuellen Prozesse übernehmen lassen.

1.1 Persönliche Motivation

Die Auswahl dieses Themas, sowie die Eingrenzung auf den Bereich der Softwareentwicklung resultieren nicht nur aus der grundsätzlichen Tatsache, dass die DSGVO seit Mai 2018 die Verarbeitung personenbezogener Daten für alle Menschen im europäischen Wirtschaftsraum regelt. Als Anwendungsentwickler in einem Softwareunternehmen sind neben den privaten Folgen auch die Änderungen der Verarbeitung personenbezogener Daten im Rahmen des Beschäftigungskontextes sowie die konkreten Auswirkungen auf den täglichen Arbeitsabläufen höchst interessant. Durch die Folgen und Sanktionen, die zukünftig bei Datenschutzverstößen entstehen können, ist die DSGVO ein Aufruf an das Verantwortungsbewusstsein von jedem Mitarbeiter, der am Prozess der Softwareerstellung beteiligt ist. Die Entwicklung und Implementierung von Prozessoptimierungen leistet dabei einen wichtigen Beitrag zum persönlichen Sicherheitsempfinden.

Wenn eine datenschutzkonforme Entwicklung entlang eines optimierten Prozesses stattfindet, wird das individuelle Fehlerrisiko minimiert. Außerdem lohnt sich eine Befassung mit dieser Thematik aus persönlichen Aspekten dahingehend, dass das Bewusstsein für den Umgang mit den eigenen Daten gestärkt wird. Ein weiterer positiver Nebeneffekt ist das Kennenlernen der eigenen Rechte und der Pflichten von Unternehmen, denen die eigenen Daten ausgehändigt werden.

2 Die europäische Datenschutz-Grundverordnung

Die Verordnung (EU) 2016/679, zum Schutz natürlicher Personen bei der Verarbeitung personenbezogener Daten wurde am 27. April 2016 vom Europäischen Parlament und dem Europäischen Rat beschlossen. Sie ist am zwanzigsten Tag nach ihrer Veröffentlichung im Amtsblatt der Europäischen Union in Kraft getreten (Art. 99 Abs. 1 DSGVO) und ist ab 25. Mai 2018 (Art. 99 Abs. 2 DSGVO) verbindlich anzuwenden. Personenbezogene Daten wurden bisher durch die Datenschutzrichtlinie 95 / 46 / EG geschützt, die in den EU-Staaten unterschiedlich umgesetzt wurde (Hoffmann 2017, S. 2). Diese Richtline wird durch die neue DS-GVO ersetzt. Die Folge der unterschiedlichen Umsetzungen in den einzelnen EU-Mitgliedstaaten sind eine komplexe Rechtslage, das Vorhandensein von Rechtsunsicherheiten und erhöhten Verwaltungskosten. „Außerdem müssen die geltenden Vorschriften modernisiert werden. Als sie entstanden sind, gab es viele der heutigen Online-Dienste noch nicht und die mit derartigen Diensten einhergehenden Herausforderungen waren noch gänzlich unbekannt. Durch soziale Netzwerke, Cloud-Computing, standortgebundene Dienstleistungen und Chipkarten ist die Verarbeitung von personenbezogenen Daten in exponentiellem Maße gestiegen" (Europäische Kommission 2015).

Ergänzt wird die EU DSGVO durch die Richtlinie (EU) 2016/680 zum Schutz natürlicher Personen bei der Verarbeitung personenbezogener Daten durch die zuständigen Behörden zum Zwecke der Verhütung, Ermittlung, Aufdeckung oder Verfolgung von Straftaten oder der Strafvollstreckung sowie zum freien Datenverkehr und zur Aufhebung des Rahmenbeschlusses 2008/977/JI des Rates, welche hier jedoch nicht genauer betrachtet wird.

Der Datenschutzverordnung besteht aus elf Kapiteln mit insgesamt 99 Artikeln. Ergänzt wird dies durch insgesamt 173 Erwägungsgründe, welche genutzt werden, um detailliertere Erläuterungen aufzuzeigen und zu verdeutlichen, welche Überlegungen zu den einzelnen Regelungen getätigt wurden. Einen grundlegenden Überblick, der in der DSGVO enthaltenen Kapitel und den darin behandelten Themengebiete, lässt sich anhand folgender Grafik illustrieren:

Kapitel 1 und 2	11 Artikel: Anwendungsbereiche, Begriffsbestimmungen, zahlreiche Grundsätze und Bedingungen zur Verarbeitung personenbezogener Daten
Kapitel 3	12 Artikel: Rechte betroffener Personen
Kapitel 4	20 Artikel: Datenschutzpflichten der Verantwortlichen und Auftragsbearbeiter
Kapitel 5	7 Artikel: rechtliche Vergabe bei der Datenübermittlung an Drittländer oder internationale Organisationen
Kapitel 6	9 Artikel: Unabhängigkeit der Aufsichtsbehörden
Kapitel 7 bis 11	40 Artikel: Zusammenarbeit, Rechtsbehelfe, Besonderheiten und Schlussbestimmungen

Abbildung 1: Die DSGVO auf einen Blick (Wiese 2017)

2.1 Zweck der EU DSGVO

Ein wesentliches Ziel der DSGVO ist die Schaffung von identischen Rahmenbedingungen für den Datenschutz in allen EU-Mitgliedstaaten. Das bedeutet unter anderem, dass sich Bürger und Bürgerinnen auf die gleichartig geregelte Behandlung ihrer personenbezogenen Daten in der EU vertrauen können. Außerdem können sich Unternehmen künftig sicher sein, dass die im Rahmen der DSGVO umgesetzten Datenschutzanforderungen auch mit sämtlichen anderen EU-Mitgliedstaaten vereinbar sind (Calder 2017, S. 9). Dazu gehören die Grundreche und Grundfreiheiten sowie der Schutz natürlicher Personen bei der Verarbeitung personenbezogener Daten. Dabei soll der freie Verkehr solcher Daten weder eingeschränkt noch verboten werden (Art. 1 Abs. 1ff DSGVO). Den betroffenen Personen soll dadurch eine bessere Nachverfolgung über Art, Umfang, Grund und Ort der Verarbeitung ihrer personenbezogenen Daten ermöglicht werden. Für Unternehmen deren Datenverarbeitung unter den Anwendungsbereich der DSGVO fällt, soll die Arbeit dadurch erleichtert werden, dass sie zukünftig eine einheitliche Rechtslage vorfinden, für die es eine zentrale Aufsichtsbehörde gibt. Die Aussage „Damit lassen sich jährlich schätzungsweise 2,3 Mrd. EUR einsparen" (Europäische Kommission 2015) wird sich in den einzelnen Unternehmen jedoch erst noch beweisen müssen. Außerdem werden durch die einheitliche Rechtsgrundlage gleiche Wettbewerbsbedingungen für alle Unternehmen geschaffen, die Waren und Erzeugnisse innerhalb der EU anbieten. Dies trifft auch auf solche Wettbewerbsteilnehmer zu, deren Firmensitz sich in keinem der 28 EU-Mitgliedsstaaten befindet.

2.1.1 Vorteile, Nachteile und Kritik

Ergänzend zum oben genannten Zweck und den Zielen der DSGVO lassen sich, wie das nachfolgende Schaubild stichpunktartig zeigt, den diversen Vorteilen auch einige Nachteile gegenüberstellen:

👍	👎
Einheitlichkeit	Ungenaue Formulierungen
Durchsetzbarkeit	Vielzahl an Ausnahmen
Höhere Strafen für Unternehmen	Gleiche Strafen unabhängig von Größe des Unternehmens – Google und Co können sich Verstöße locker leisten im Gegensatz zu den KMUs
Recht auf Vergessenwerden – Löschpflicht	
Stärkung des Einwilligungsvorbehalts	
Mehr Schutz für Kinder	
Beweislastumkehr	
Zweckbindung	
Datenminimierung	
Speicherbegrenzung	
Besonderer Schutz für die Verarbeitung „besonderer Kategorien" personenbezogener Daten	

Abbildung 2: Übersicht der Stärken und Schwächen (Jobst, Meyr und Vellmer 2017, S. 7)

Während die meisten der abgebildeten Punkte an dieser Stelle nicht näher behandelt werden, sollten einigen davon jedoch zum Zwecke eines besseren Verständnisses eine detailliertere Betrachtung erfahren.

Der auf Seiten der Vorteile dargestellte Punkt der Beweislastumkehr ist eines der wichtigsten Themen der DSGVO. Das bedeutet, ab Wirksamwerden der Verordnung, muss der jeweilig Verantwortliche, oder Auftragsdatenverarbeiter, für die Erhebung der Daten zu jeder Zeit beweisen können, dass die Regelungen der DSGVO umgesetzt und angewandt werden. Dazu gehört unter anderem, das Vorliegen und die Möglichkeit des Nachweises einer persönlichen Einwilligung zur Verarbeitung der Daten der betroffenen Person. Liegt keine explizite Einwilligung vor muss für eine legale Datenverarbeitung eine gesetzliche Regelung vorliegen, welche die

Verarbeitung legitimiert. Dies ist dem grundsätzlichen Prinzip der DSGVO des Verbots der Verarbeitung mit Erlaubnisvorbehalt geschuldet.

Als Kritikpunkt wird beispielsweise die Vielzahl an Ausnahmen genannt, welche teilweise im Widerspruch zur eigentlichen Absicht und dem Vorteil der Einheitlichkeit steht. Die Kritik zielt dabei auf die sogenannten Öffnungsklauseln ab, „die den EU-Mitgliedstaaten die Einführung nationaler Vorschriften für bestimmte Bereiche des Datenschutzes ermöglichen" (Voigt, P. und dem Bussche 2018, S. 289). Die Problematik dabei, beschreiben Voigt und von dem Bussche sinngemäß mit dem dadurch entstehenden Eindruck einer Verordnung mit dem Regelungscharakter einer Richtlinie. Die ergänzenden nationalen Regelungen haben höchstwahrscheinlich Datenschutzunterschiede zur Folge, welche wiederrum von Unternehmen hinsichtlich der speziellen nationalen Besonderheiten, zusätzliche Aufmerksamkeit erfordert (Voigt, P. & dem Bussche 2018, S. 289).

Artikel 83 der DSGVO regelt Sanktionen und Bußgelder, sowie Kriterien zur Bemessung dieser. Die Höhe der vorgesehenen Strafen für Datenschutzvergehen soll auch eine abschreckende Wirkung mit sich bringen. Dies wird zwar im Allgemeinen als vorteilhaft angesehen, jedoch trifft dies wie so oft, kleinere Unternehmen härter als große Konzerne, die derartige Strafen in der Regel besser verkraften können. Die Strafzahlungen können dabei ein sehr hohes Niveau erreichen, denn „die maximale Geldbuße beträgt bis zu 20 Millionen Euro oder bis zu 4% des gesamten weltweit erzielten Jahresumsatzes im vorangegangenen Geschäftsjahr; je nachdem, welcher Wert der höhere ist. Hier ist der oben genannte Unternehmensbegriff von Bedeutung: Es gilt der Jahresumsatz des gesamten Konzerns" (intersoft consulting services AG 2016). Demnach wären die Auswirkungen auf ein Unternehmen mit angenommenen 30 Millionen Jahresumsatz bei der Höchststrafe von 20 Millionen deutlich gravierender, als bei einem Konzern mit einem Jahresumsatz von 500 Millionen, bei dem im Maximalfall ebenfalls eine Strafe in der gleichen Höhe fällig ist, da die Veranschlagung von 4% des Konzernumsatzes die Summe von 20 Millionen nicht übersteigt.

2.2 Geltungsbereich

Für das weitere Verständnis der folgenden Abschnitte soll zunächst eine Klärung des Begriffs „personenbezogene Daten" im Sinne der DSGVO geschaffen werden. Artikel 4 der Verordnung beschreibt personenbezogene Daten als sämtliche Informationen, die sich auf eine identifizierte oder identifizierbare natürliche Person beziehen. Dabei gilt eine Person als identifizierbar, wenn sie direkt oder indirekt, insbesondere mittels Zuordnung zu einer Kennung wie einem Namen, zu einer Kennnummer, zu Standortdaten, zu einer Online-Kennung oder zu einem oder mehreren besonderen Merkmalen identifiziert werden kann, die Ausdruck der physischen, physiologischen, genetischen, psychischen, wirtschaftlichen, kulturellen oder sozialen Identität dieser natürlichen Person sind (Art. 4 Abs. 1 DSGVO).

2.2.1 Sachlicher Anwendungsbereich

Der sachliche Anwendungsbereich der DSGVO umfasst die ganz oder teilweise automatisierte Verarbeitung personenbezogener Daten sowie die nichtautomatisierte Verarbeitung personenbezogener Daten, die in einem Dateisystem gespeichert sind oder gespeichert werden sollen (Art. 2 Abs.1 DSGVO). Der Begriff Verarbeitung lässt in diesem Fall einen erweiterten Interpretationsspielraum. Dies ist dem Zwecke der Technologieneutralität geschuldet, welcher die Umgehung der Rechtsvorschriften durch die Verwendung von alternativen, oder zukünftigen Techniken vermeiden soll. Als nichtautomatisierte Speicherung in einem Dateisystem können beispielsweise analoge Aufbewahrungssysteme, wie die alphabetisch sortierte Ordnerablage von Gesundheitsdaten in einem Krankenhaus angesehen werden.

2.2.2 Räumlicher Anwendungsbereich

Die durch die EU-Gremien beschlossene DSGVO ist keinesfalls geografisch begrenzt zu betrachten. Prinzipiell ist es im Sinne der Verordnung ausreichend, wenn der entsprechende Verantwortliche für die Verarbeitung der Daten, oder der Auftragsdatenverarbeiter über eine Niederlassung in einem EU-Mitgliedstaat verfügt, unabhängig vom tatsächlichen Ort der Datenverarbeitung. Als Niederlassung gilt eine feste Einrichtung, welche eine effektive und tatsächliche Ausübung einer Tätigkeit durchführt (Erwg. 22, DSGVO). Doch auch für Unternehmen, die über keine Niederlassung innerhalb der EU verfügen, kann die DSGVO Anwendung finden, sofern es sich um die Beobachtung von Personen, oder das Anbieten von Waren oder Dienstleistungen unabhängig von der Zahlung eines Entgelts handelt. Dies ist zutreffend unter der Bedingung, „dass sich die betroffenen Personen örtlich innerhalb der Union befinden. Dabei reicht es aus, wenn sich die betroffenen Personen – auch nur kurzfristig – in der Union aufhalten. Auf die Staatsangehörigkeit oder den Status als Unionsbürger kommt es demnach nicht an" ([intersoft consulting services AG] 2017). Gleichbedeutend findet die DSGVO Anwendung auf die Verarbeitung personenbezogener Daten durch einen nicht in der Union niedergelassenen

Verantwortlichen an einem Ort, der aufgrund Völkerrechts dem Recht eines Mitgliedstaats unterliegt (Art. 3 Abs. 3 DSGVO).

2.2.3 Ausnahmen

Ausgenommen ist die Verarbeitung von personenbezogenen Daten außerhalb einer vom Geltungsbereich des europäischen Unionsrechtes erfassten Tätigkeit, beispielsweise bei Gefahr für die nationale Sicherheit, oder von Mitgliedstaaten im Rahmen einer Tätigkeit, welche die unionsweite Außen- und Sicherheitspolitik nach Titel V Kapitel 2 EUV betreffen. Außerdem fällt die Verarbeitung von Daten durch Behörden zum Zwecke der Verfolgung, Verhütung, Aufdeckung oder Ermittlung von Straftaten oder der Strafvollstreckung nicht in den Anwendungsbereich dieser Verordnung. Eine weitere Ausnahme sind Daten, die lediglich für persönliche oder familiäre Zwecke verwendet werden, wie z.b. die Nutzung sozialer Netzwerke. Weitere Ausnahmen oder Spezialisierungen der Regelungen der DSGVO können über die Nutzung der Öffnungsklauseln[1] gestaltet werden. Hierfür sieht die Verordnung vor, dass die einzelnen EU-Mitgliedstaaten durch eigene Datenschutzgesetze, Ergänzungen treffen können. In Deutschland ist das dafür geltende Gesetz das Bundesdatenschutzgesetz (BDSG). Dies kann innerhalb der einzelnen deutschen Bundesländer noch durch weitere existierende Landesdatenschutzgesetze erweitert werden. Exemplarisch für Bayern sei hier das BayDSG, ohne weitere Ausführungen, genannt.

2.3 Verantwortlichkeiten und Pflichten

Im Rahmen der DSGVO ergeben sich zahlreiche Verantwortlichkeiten und Pflichten für Unternehmen, die Daten verarbeiten, welche sich innerhalb des Anwendungsbereichs der Verordnung befinden. Diese waren zum Teil bereits in der vorher gültigen Datenschutzrichtline vorhanden, werden aber durch die neue Verordnung ergänzt und modernisiert. Nachfolgend werden die wichtigsten Verantwortlichkeiten und Pflichten aufgeführt, welche aus Sicht von Unternehmen, die personenbezogene Daten verarbeiten (dazu gehören auch die Daten der eigenen Beschäftigten), zu beachten sind.

---

[1] Ein Überblick über die Öffnungsklauseln findet sich in „Die 69 Öffnungsklauseln der DS-GVO" nach Dr. Lukas Feiler: http://www.lukasfeiler.com/presentations/Feiler_Die_69_Oeffnungsklauseln_der%20DS-GVO.pdf

Zunächst sollte geklärt werden, wer der Verantwortliche für die Verarbeitung von Daten im Sinne der DSGVO ist. In der Begriffsklärung der DSGVO heißt es dazu sinngemäß, dass die Verantwortung demjenigen (oder denjenigen bei gemeinsam Verantwortlichen) obliegt, der über die Zwecke und Mittel der Verarbeitung von personenbezogenen Daten entscheidet (Art.4 Abs. 7 DSGVO). Direkt nachfolgend, wird der Begriff eines Auftragsdatenverarbeiter, als juristische Person, Einrichtung oder Behörde, die im Auftrag eines Verantwortlichen eine Verarbeitung von personenbezogenen Daten durchführt (Art .4 Abs. 8 DSGVO) definiert. Dabei wird alleine durch die Begriffstrennung klar, dass nicht zwingend derjenige, der die Daten verarbeitet, auch der Verantwortliche ist, sondern bei einer Beauftragung eines Dienstleisters, derjenige verantwortlich bleibt, der über den Zweck und die Mittel der eigentlichen Verarbeitung entscheidet. Eine solche Auftragsdatenverarbeitung findet beispielsweise im Rahmen von Personalrekrutierungen statt. Dabei obliegt dem Verantwortlichen, die Auswahl, Kontrolle und Weisungsbefugnis des Auftragsdatenverarbeiter. Diese sind vertraglich festzulegen. Das gilt gleichbedeutend für die Verpflichtung zur Einhaltung der DSGVO, die Gewährleistung der Sicherheit der Verarbeitung und die Regelung, was am Ende der Auftragsverarbeitung mit den Daten geschehen soll (Bayerisches Landesamt für Datenschutzaufsicht 2017, S. 24).

Als erste der neuen Pflichten für Unternehmen, sei hier die Rechenschaftspflicht (auch „Accountability" genannt), welche vorsieht, dass Unternehmen die geeigneten technischen und organisatorischen Maßnahmen (TOM) treffen und sicherstellen, dass die Datenverarbeitung gemäß den Vorgaben der DSGVO erfolgt. Die Einhaltung dieser zentralen Anforderungen an eine Datenverarbeitung muss seitens der Unternehmen nachgewiesen werden können (BVDW Bundesverband Digitale Wirtschaft e.V. 2017, S. 95). Diese Maßnahmen sind dabei unter anderem abhängig von der Art der Daten, ihrem Umfang und dem Erhebungszweck sowie der Auswirkungen auf die Rechte und Freiheiten der betroffenen Person zu betrachten, kontinuierlich zu überprüfen und zu aktualisieren. Dabei ist im Sinne der technischen Maßnahmen zu beachten, dass die verwendeten Verfahren bei der Datenverarbeitung auf datenschutzfreundliche Voreinstellungen („privacy by default") und datenschutzfreundliches Design („privacy by design") achten müssen. Diese Anforderungen an technische Verfahren sind insbesondere für Softwarehersteller interessant, weshalb zu einem späteren Zeitpunkt noch einmal genauer auf deren Bedeutung eingegangen wird. Es kann zur Folge haben, dass für zukünftige sowie bestehende Anwendungen oder Dienste umfangreiche Änderungen erforderlich sind. Auch wenn diesbezüglich keine konkreten Maßgaben seitens der DSGVO vorgegeben sind, werden in Artikel 32 zumindest als Beispiele hierfür Pseudonymisierung und Verschlüsselung genannt.

Generell besteht beim Umgang mit personenbezogenen Daten die Pflicht, die Daten unter Beachtung folgender Grundprinzipien zu behandeln:

Tabelle 1: Grundprinzipien bei der Verarbeitung von personenbezogenen Daten

Prinzip	Beschreibung
Rechtmäßigkeit	Die Erhebung der Daten erfolgt rechtlich zulässig und mit Einwilligung der betroffenen Person.
Richtigkeit	Die erfassten Daten entsprechen der Wahrheit. Andernfalls ist eine sofortige Änderung oder Löschung erforderlich.
Transparenz	Für die betroffene Person ist Umfang, Art, Zweck und Verantwortlichkeit der Datenverarbeitung nachvollziehbar.
Zweckbindung	Die Erhebung erfolgt für festgelegte, eindeutige und legitime Zwecke. Daten dürfen in keiner mit diesen Zwecken unvereinbarer Art und Weise weiterverarbeitet werden.
Datenminimierung	Die Verarbeitung der Daten erfolgt dem Zweck angemessen und auf das für den Zweck notwendige Maß beschränkt.
Speicherbegrenzung	Die Speicherung der Daten, die zur Identifizierung der betroffenen Personen dienen, darf nur so lange erfolgen, wie es für die Zwecke, für die sie verarbeitet werden, erforderlich ist.
Integrität und Vertraulichkeit	Die Verarbeitung erfolgt unter der Maßgabe, dass Daten vor Verlust, Zerstörung, oder unbeabsichtigter Schädigung geschützt sind.

nach Art. 5 Abs. 1 S. a - f DSGVO

Als nächstes seien die Informationspflichten erwähnt. Diese dienen dazu, betroffenen Personen, mehr Transparenz über die gesammelten Daten zu erteilen. Personen, die unter den Schutz der DSGVO fallen, haben demnach ein Recht auf eine Auskunft über die Art und Weise, sowie den Umfang der von Ihnen verarbeiteten persönlichen Daten. Das bedeutet, dass jedes Unternehmen in der Lage sein muss, diese Auskunft zu erteilen. Der Verantwortliche muss geeignete Maßnahmen ergreifen, um den Betroffenen alle Informationen und alle Mitteilungen in präziser, transparenter, verständlicher und leicht zugänglicher Form in einer klaren und einfachen Sprache zu übermitteln. Die Übermittlung der Informationen kann schriftlich, elektronisch oder in einer anderen Form erfolgen (Mühlbauer 2018, S. 44). Dies ist ebenfalls eng verzahnt, mit dem Recht der betroffenen Personen auf

Datenübertragbarkeit nach Art. 20 DSGVO. Darin ist beschrieben, dass zur Stärkung der informationellen Selbstbestimmung, jeder Einzelne verlangen kann, die eigenen Daten in einem gängigen und maschinenlesbaren Format zur Verfügung gestellt zu bekommen (Tinnefeld, Buchner, Petri und Hof 2017, S. 306). Somit kann die Weitergabe von gespeicherten Daten ohne größere Schwierigkeiten an einen anderen Anbieter erfolgen. Dadurch wird verhindert, dass bei einem Wechsel zu einem anderen Datenverarbeiter unzumutbare Aufwände entstehen (Herbst 2017, Art. 20 Rn. 20).

Eine weitere Neuerung besteht in der Meldeverpflichtung von Verstößen gegen die DSGVO. In diesen Fällen muss unverzüglich, spätestens jedoch innerhalb 72 Stunden nach bekannt werden der Verletzung, eine Meldung des Verantwortlichen an die Aufsichtsbehörde, sowie unter gegebenen Umständen eine Benachrichtigung der betroffenen Personen erfolgen. Von letzterem darf nur abgesehen werden, wenn die Datenschutzverletzung voraussichtlich nicht zu einem Risiko der persönlichen Rechte und Freiheiten der betroffenen Person führt (Kühling, Klar und Sackmann 2018, S. 283).

Als weitere Pflicht sei noch genannt, dass die meisten[2] Unternehmen einen Datenschutzbeauftragten bestellen müssen. Die Verantwortlichen müssen die beauftragten Personen ordnungsgemäß und frühzeitig bei der Beantwortung datenschutzrechtlicher Fragen mit einbeziehen und ihnen die Ressourcen zur Erlangung des notwendigen Fachwissens, sowie einen Einblick in die Verarbeitungsvorgänge der persönlichen Daten zur Verfügung stellen (BVDW Bundesverband Digitale Wirtschaft e.V. 2017, S. 74). Dabei gehört es zu den Aufgaben von Datenschutzbeauftragten, die Einhaltung der DSGVO und anderer Datenschutzrichtlinien zu kontrollieren und zu steuern.

Die Pflicht zur Durchführung einer Datenschutz-Folgenabschätzung kann im deutschen Rechtsraum als Ersatz für die bisher nach §4d Abs. 5 BDSG anfallende Vorabkontrolle gesehen werden. Diese soll in besonders kritischen Fällen der Datenverarbeitung durchgeführt werden. Dabei sind überwiegend Verfahren, die automatisiert sensible persönliche Daten verarbeiten und bewerten, als kritisch zu

---

[2] In *verschiedener* Literatur wird erwähnt, dass die Pflicht zur Bestellung eines Datenschutzbeauftragten entfallen kann, wenn sich innerhalb des Unternehmens weniger als zehn Mitarbeiter mit der Verarbeitung personenbezogener Daten beschäftigen (Gutsch (2018, S. 14) Im entsprechenden Artikel 37 DSGVO findet sich diese Regelung jedoch nicht. Generell sollten eher die Regelungen aus dem Text der Verordnung angewendet werden.

erachten. Als Beispiele dafür nennt die DSGVO in Art. 35 Abs. 3 die Überwachung öffentlich zugänglicher Bereiche, Profiling als Grundlage für Entscheidungen über Rechtswirkung und die Verarbeitung von Daten zum Zwecke der Auswertung von strafrechtlichen Verurteilungen und Straftaten. Allerdings ist davon auszugehen, dass auch in vielen weiteren Fällen eine Datenschutz-Folgenabschätzung notwendig sein wird. Dies ist insbesondere dann der Fall, wenn es sich um Neuentwicklungen handelt, neuartige Technologien eingesetzt werden, oder wenn seit der letzten Bewertung der Verarbeitungstätigkeiten ein längerer Zeitraum vergangen ist (Sowa 2017, S. 14).

Wird von der verantwortlichen Stelle ein hohes Risiko trotz Verwendung aller zur Verfügung stehenden TOMs vermutet, ist die Aufsichtsbehörde zu informieren, welche dann entweder Empfehlungen für eine konforme Verarbeitung abgeben wird oder die Verarbeitung komplett untersagen kann (Sowa 2017, S. 14–15).

Als weitere Pflicht sei noch die Pflicht zum Führen eines Verzeichnisses über alle Verarbeitungstätigkeiten des jeweilig Verantwortlichen genannt. Zunächst sollte erwähnt werden, dass unter gewissen Bedingungen eine Freistellung von der Pflicht des Führens eines Verarbeitungsverzeichnisses erfolgen kann. Dies dürfte in der Praxis allerdings eher selten der Fall sein, da hierfür das verarbeitende Unternehmen über weniger als 250 Mitarbeiter verfügen muss, eine Verarbeitung nicht regelmäßig erfolgt und gleichzeitig keinerlei Gesundheits- oder Religionsdaten, wie beispielsweise für eine Lohnabrechnung erforderlich, verarbeitet werden (Bayerisches Landesamt für Datenschutzaufsicht 2017, S. 12). Das zu erstellende Verarbeitungsverzeichnis „dient gegenüber der Aufsichtsbehörde zum Nachweis, dass die Vorschriften der DS-GVO vom Verantwortlichen eingehalten wurden" (Braun et al. 2017, S. 7). Die Pflichtangaben für ein Verarbeitungsverzeichnis unterscheiden sich geringfügig, je nachdem ob es sich um einen Verantwortlichen oder einen Auftragsdatenverarbeiter handelt. Folgende Tabelle zeigt diese Pflichtangaben:

Tabelle 2: Pflichtangaben Verarbeitungsverzeichnis

Nr.	Verantwortlicher	Auftragsdatenverarbeiter
1	Name und Kontaktdaten der Verantwortlichen	Name und Kontaktdaten des Auftragsdatenvearbeiters **und** aller Verantwortlichen
2	Zweck der Verarbeitung	Kategorie der durchgeführten Verarbeitung
3	Kategorie der betroffenen Personen und Daten	Drittland oder internationale Organisation, der die Daten offengelegt werden (falls zutreffend)
4	Kategorie der Empfänger einer Offenlegung der Daten	Beschreibung der TOMs
5	Drittland oder internationale Organisation, der die Daten offengelegt werden (falls zutreffend)	
6	Vorgesehene Fristen zur Löschung der Daten	
7	Beschreibung der TOMs	

Darstellung nach (Braun et al. 2017)

3 DSGVO im Unternehmen

Neben den grundsätzlich geltenden Vorgaben der DSGVO, welche die obenstehenden Pflichten beinhalten, sollte innerhalb Unternehmen auch stets beachtet werden, dass die eigenen Mitarbeiter ebenfalls als geschützte Personen im Sinne der DSGVO betrachtet werden müssen. Für diese Personengruppe gilt der sogenannte Beschäftigtendatenschutz. In diesem Bereich macht die DSGVO von einer ihrer Öffnungsklausel gebrauch und ermöglicht dadurch, den einzelnen Ländern die Schaffung weiterer Erlaubnistatbestände zur Verarbeitung von Daten durch individuelle Gesetze. Unternehmen können darüber hinaus durch Betriebsvereinbarungen die Verarbeitung von Daten im Beschäftigungskontext legitimieren. Dies soll dem Umstand Rechnung tragen, dass die DSGVO im Ergebnis teilweise nicht perfekt zu den Besonderheiten von Arbeitsverhältnissen passt. So lassen sich Betroffenenrechte (wie z.B. das Widerspruchsrecht nach Art. 21 DSGVO) nicht durchweg ohne weiteres auf jedes beliebige Arbeitsverhältnis übertragen (Wybitul 2017, 311). Die zum Teil empfindlich hohen Strafen, die in der DSGVO vorgesehen sind, sollten dabei den Unternehmen jederzeit bewusst sein. Neben den anfallenden Kosten bei einer Bestrafung besteht auch die Gefahr eines Image- und Vertrauensverlusts bei den Kunden. Eine weitere Gefahr aus Unternehmenssicht ist in diesem Hinblick auch die erweiterte Kontrollmöglichkeit durch betroffene Personen, da diese zukünftig umfangreicher informiert werden müssen, wie ihre Daten verarbeitet werden. Lepperhoff und Müthlein beschreiben eine potentiell gefährliche Auswirkung in ihrem Leitfaden zur DSGVO wie folgt „dazu gehört auch eine Belehrung über das Beschwerderecht bei der Datenschutzaufsichtsbehörde. Erfahrungsgemäß nutzen unzufriedene Kunden, Lieferanten oder Mitarbeiter die Beschwerdemöglichkeit." (Lepperhoff und Müthlein 2017, S. 32).

Eine Untersuchung der Bitkom (Bundesverband Informationswirtschaft, Telekommunikation und neue Medien e.V) von September 2016 zeigt, dass sich trotz der weitreichenden Änderungen ca. 44% der befragten Unternehmen zu diesem Zeitpunkt überhaupt noch nicht mit der Umsetzung der DSGVO beschäftigt hatten. Außerdem zeigt die Studie, dass 46% der Unternehmen bisher über kein geeignetes Verfahrensverzeichnis zur Dokumentation datenschutzrelevanter Verfahren und Prozesse verfügt (Bitkom.org 2016, S. 8). Des Weiteren gehen ca. 63% der Unternehmen davon aus, dass zumindest ein einmaliger Mehraufwand, durch die Umsetzung der DSGVO entstehen wird. Insgesamt sind sogar 29% der befragten Unternehmen der Meinung, dass ein dauerhafter Mehraufwand entstehen wird (Bitkom.org 2016, S. 9). Zur Umsetzung der Aufgaben planen knapp zwei Drittel der

Unternehmen externe Experten aus den Bereichen Datenschutz, anwaltliche Beratung und externe Prüfer in Anspruch zu nehmen (Bitkom.org 2016, S. 10). Zusammenfassend kann der Studie entnommen werden, dass in vielen Unternehmen große Unsicherheiten bezüglich der Umsetzung der DSGVO bestehen. Gerade deshalb ist es vielen Unternehmen wichtig, diese Sicherheit durch die Inanspruchnahme externer Experten, Dienstleister oder durch die strukturierte Abarbeitung von Leitfäden und Handlungsempfehlungen zu gewinnen.

Für Unternehmen wird häufig empfohlen die neuen Anforderungen der DSGVO im Rahmen eines Datenschutzmanagementsystems (DSMS) zu organisieren. Dies hilft vor allem bei der Erfüllung der Nachweis- und Rechenschaftspflichten. Dabei lässt sich ein solches DSMS in ein ggf. bereits vorhandenes Informations-Sicherheits-Management-System (ISMS) integrieren. In einem guten DSMS sind Methoden und ganzheitliche Vorgehensweisen zur Risikominimierung, Überprüfbarkeit der Prozesse und zur Gewährleistung von Vertraulichkeit, Integrität, Verfügbarkeit und Belastbarkeit von IT-Systemen enthalten (Wüpper 2017). Das Vorhandensein eines solchen Systems kann sich dabei unter Umständen bußgeldmindernd auswirken und ermöglicht eine schnelle und effiziente Reaktion, falls tatsächlich Datenschutzverstöße auftreten (Rammo 2016). Dabei kann ein DSMS sowohl über einen auf Basis von Schutzstandards orientierten Ansatz als auch über einen risikobasierten Ansatz realisiert werden. Während sich erstgenanntes hauptsächlich an Standards wie IT-Grundschutz orientiert, ist der risikobasierte Ansatz auf tatsächlich erforderliche Maßnahmen zur Gewährleistung eines Risikomanagements ausgelegt und bietet den Unternehmen damit etwas mehr Ermessungsspielraum (Loomans, Matz und Wiedemann 2014, S. 23). Die Etablierung eines DSMS sollte dabei in den kontinuierlichen Verbesserungsprozess integriert werden und den Plan-Do-Check-Act Zyklus befolgen, um jederzeit flexibel anpassbar zu sein. Zur konkreten Realisierung und Implementierung der dafür notwendigen Prozesse eignet sich ein systematisches Vorgehen anhand bekannter Best-Pracitces. Eine Sammlung solcher, ist in der IT-Infrastructure Library enthalten, welche in nachfolgendem Exkurs kurz vorgestellt wird.

3.1 Exkurs: Die IT-Infrastructure Library (ITIL)

Der Grund für diesen Exkurs, ist die vermehrte Nennung des Stichwortes ITIL im Zusammenhang mit den neuen Anforderungen der DSGVO. Deshalb wird im folgenden Abschnitt aufgezeigt, inwiefern sich die Vorgehensweisen dieser Bibliothek besonders dafür eignen, der DSGVO gerecht zu werden und weshalb einige Experten der Meinung sind, dass die ITIL-Methodik eine hervorragende Basis für die Gestaltung von Geschäftsprozessen im Hinblick auf die DSGVO ist (ITSM-Consulting AG 2017).

3.1.1 Definition und Inhalte

Hinter der Abkürzung ITIL versteckt sich „eine über Jahrzehnte gewachsene Sammlung von Best Practices zum Thema IT Service Management. Sie enthält Empfehlungen und schafft so einen Rahmen für die strategische, taktische und operative Umsetzung von IT-Services" (Ebel 2008, S. 17). Als solches bietet die Bibliothek ein Rahmenwerk, das durch die zur Verfügung gestellten Richtlinien eine Hilfestellung zur Implementierung und Betrieb einer servicegerechten Prozessorganisation liefert. Dabei sind die Vorgaben nicht als strikte Religion aufzufassen, sondern vielmehr sollte der festgelegte Plan durch Praxiserkenntnisse und individuelle Kundenanforderungen modifiziert werden dürfen (Ebel 2008, S. 17). Der Ursprung von ITIL in seiner ersten Version geht bis in das Jahr 1989 zurück. Für die Entwicklung war damals eine Organisation namens CCTA[3] zuständig, welche Teil der britischen Regierung ist. Die Version bei Ersterstellung bestand aus ca. 30 Einzelbänden, welche Best Practices der IT beschreiben. Die aktuelle Version (v3) ist seit April 2007 verfügbar und fokussiert sich stärker auf den Service Life Cycle. (Schiefer und Schitterer 2008, S. 3–4). Diese zuletzt veröffentlichte Version hat im Juli 2011 noch eine weitere Aktualisierung erfahren und trägt nun den Titel „ITIL 2011 Edition". Eine der wesentlichen Neuerungen ist die Gliederung der Bibliothek in die fünf folgenden Bereiche:

---

[3] Die „Central Computer and Telecommunications Agency" ist Teil der britischen Regierung und wurde im Jahr 2000 dem britischen Office of Government Commerce (OGC) untergeordnet.

Tabelle 3: Servicebereiche von ITIL

Bereich	Prozessziel
Service Strategy (Servicestrategie)	Eine Strategie für die Bereitstellung von Services für Kunden definieren. Ausgehend von einer Bewertung der Kundenbedürfnisse und des Marktes für Services bestimmt der Servicestrategie-Prozess, welche Services die IT-Organisation anbietet und welche Fähigkeiten dazu entwickelt werden müssen. Oberstes Ziel der Servicestrategie ist es, die IT-Organisation zu befähigen, sich konsequent strategie-orientiert auszurichten.
Service Design (Serviceentwicklung)	Auf der Grundlage konkreter Anforderungen IT Services entwerfen und Lösungen entwickeln, die diesen Anforderungen entsprechen. In den Zuständigkeitsbereich des Service Designs fallen der Entwurf neuer Services, ebenso wie Änderungen und/ oder Verbesserungen bereits vorhandener Services.
Service Transition (Serviceinbetriebnahme)	Aufbauen und Ausrollen von IT-Services. Ebenso stellt die Serviceüberführung sicher, dass Änderungen an Services und Service-Management-Prozessen koordiniert abgewickelt werden.
Service Operation (Servicebetrieb)	Sicherstellen, dass die IT Services effektiv und effizient erbracht werden. Dies beinhaltet die Erfüllung von Anwender-Anfragen und Erarbeitung von Problemlösungen ebenso wie die Erbringung von Betriebsaufgaben im laufenden Tagesgeschäft.
Continual Service Improvement (kontinuierliche Serviceverbesserung)	Der Prozess der kontinuierlichen Serviceverbesserung setzt Methoden des Qualitätsmanagements ein, um aus Erfolgen und Misserfolgen der Vergangenheit zu lernen. Der CSI-Prozess zielt darauf ab, die Effektivität und Effizienz von IT-Prozessen und -Services fortlaufend zu verbessern, in Übereinstimmung mit dem in ISO 20000 geforderten Konzept der kontinuierlichen Verbesserung.

nach (Kempter 2018)

Im Vordergrund von ITIL, steht das Service Management für interne und externe Kunden. Ziel ist es beiden Kundengruppen das gleiche Maß an Kundenservice und Servicequalität entgegen zu bringen (van Bon a.o. 2012, S. 20). Die Serviceorientierung erfolgt anhand eines Servicelebenszyklus in den oben dargestellten Bereichen. Die Bereitstellung von IT-Services, den dazugehörigen Service-Level-Agreements und KPIs gewinnt in sämtlichen Unternehmen zunehmend an Bedeutung. Deshalb ist eine strukturierte Serviceorganisation unerlässlich.

Dabei sind im Rahmen der DSGVO einige der oben aufgeführten Bereiche besonders nützlich. In einem Artikel für Security Insider[4] heißt es dazu „So müssen im ITIL-Lebenszyklus bereits bei der Strategie-Betrachtung grundlegende Datenschutzanforderungen als kritische Elemente behandelt und in der Design-Phase bei der Definition von Services berücksichtigt werden" (Jäger 2017).

3.1.2 ITIL und die DSGVO

Der Aufwand zur Umsetzung der zur Einführung der ITIL-Prozesse notwendigen Schritte lohnt sich. So „bietet ein sauber aufgesetztes Servicemanagement einen gut gefüllten Werkzeugkasten mit geeigneten Hilfsmitteln für den operativen Datenschutz" (ITSM-Consulting AG 2017). Dabei lässt sich die ITIL-Methodik nicht ausschließlich für technische Prozesse nutzen, auch organisatorische Abläufe können dadurch optimiert werden. So lassen sich ein DSVO konformes Change- und Patchmanagement, sowie ein Incident- und Problemmanagement umsetzen (ITSM-Consulting AG 2017). Die Best-Practices von ITIL zum Einsatz und Betrieb von IT-Services bieten hier wertvolle Ansätze zum Umgang mit Datenschutzvorfällen. Der Hauptvorteil entsteht dadurch, dass eine vollständige Übereinstimmung mit den Anforderungen der DSGVO geschaffen werden kann. Dabei ist es möglich mittels ITIL alle Aspekte für die IT-Service Strategie und die IT-Governance frühzeitig zu adressieren und zu budgetieren (Gaydarov 2017). Es wird also von Anfang an in allen Managementebenen ein Bewusstsein für die Notwendigkeit von Prozessen und Anpassungen geschaffen, was nicht nur die jetzige Umsetzung der DSGVO erleichtert, sondern auch für Zukünftige Änderungen eine flexibel modifizierbare Grundlage bietet.

3.2 Besonderheiten für Softwarehersteller

Im Folgenden werden die Besonderheiten für Softwareanbieter betrachtet. Für diese gilt zusätzlich zu beachten, dass die vertriebene Software den Kunden die Möglichkeit bieten muss, die Vorschriften der DSGVO einzuhalten. Dabei ist es durchaus empfehlenswert, wenn ein Nachweis über die Einhaltung der entsprechenden Datenschutzpflichten vorliegt. In der Regel kann dies in ausreichendem Maße durch Zertifikate, wie z.B. ISO 27001 und IT-Grundschutz, gewährleistet

---

[4] Das Onlinemagazin Security Insider ist erreichbar unter https://www.security-insider.de/

werden. Im nachfolgenden Abschnitt werden die bereits in Abschnitt 2.3 eingeführten Begriffe „privacy by design" und „privacy by default" näher erläutert.

3.2.1 Privacy by design

Für den Ausdruck „Schutz durch datenschutzfreundliches Design", kann im Allgemeinen eine softwaregesteuerte Verarbeitung, die nicht mehr Daten als zwingend notwendig von einem Anwender anfordert, als Beispiel gelten. Im engeren Hinblick auf die Softwareherstellung sollte darunter verstanden werden, dass bereits bei der Architektur der Ergebnisartefakte, sowie bei der Konzeption der späteren Betriebsumgebung Rücksicht auf möglicherweise auftretende datenschutzrelevante Verarbeitungen genommen wird. Es ist daher anzuraten, sich bereits sehr früh im Entwicklungsprozess über die spätere Datenverarbeitung Gedanken zu machen. Wird beispielsweise ein Onlineformular für die Registrierung bei einem Webshop entworfen, so ist eine Vielzahl von Aspekten zu klären und gegebenenfalls bereits im Softwaredesign zu berücksichtigen. Zu diesen Themen gehört beispielsweise eine Zugriffsregelung, die durch eine Benutzerverwaltung realisiert werden kann. Des Weiteren sollte, um bei dem Beispiel eines Webshops zu bleiben, die technische Basis für eine verschlüsselte Übertragung der Daten geschaffen werden. Außerdem sind bereits in der Designphase weitergehende Überlegungen zu fristgerechten Löschautomatismen und tatsächlich zur Verarbeitung notwendigen Art und Menge von Informationen zu tätigen.

3.2.2 Privacy by default

Die Vorgabe der datenschutzfreundlichen Voreinstellungen für Verantwortliche kann im Wesentlichen mit der Aussage „dass die Nutzer und deren Privatsphäre entsprechend geschützt sind, sie aber nicht aktiv entsprechende Einstellungen selbst vornehmen müssen" (Mühlich et al. 2018, Unbekannt) beschrieben werden. So sollte bei Online-Formularen auf die Erhebung von Daten verzichtet werden, die für den eigentlichen Verarbeitungszweck nicht unbedingt benötigt werden. Maßnahmen zum Schutz der Privatsphäre sind beispielsweise die Minimierung sowie die zeitnahe Pseudonymisierung der personenbezogenen Daten (Mühlbauer 2018, S. 24). Die Regelungen dazu in Artikel 25 der DSGVO beziehen sich nach Mühlich et. al. „hauptsächlich auf internetbasierte Dienste wie Online-Shops oder soziale Netzwerke, bei denen durch die standardmäßige Konfiguration von Privatsphäre-Einstellungen sicherzustellen ist, dass Nutzer ihre Daten nur dem Personenkreis und nur in dem Umfang zugänglich machen, die sie vorab festgelegt haben" (Mühlich et al. 2018). Im Weiteren wird als Grund für die Notwendigkeit das Horten von

Daten im Sinne von Data Warehousing (Mühlich et al. 2018, Unbekannt) beispielhaft angeführt. Ein weiteres Beispiel zur Erreichung der Richtlinien ist, unter anderem die Voreinstellung, dass die Zustimmung zu den Datenschutzbestimmungen auf einer Internetseite aktiv durch anhaken eines Kontrollkästchens zu erteilen ist. Eine Voreinstellung, bei der dieser Haken bereits vorab standardmäßig gesetzt wird, ist demnach nicht zulässig. An dieser Stelle kann ebenfalls das unter 3.2.1 genannte Beispiel der Benutzerverwaltung zur Verständlichkeit beitragen. Hier wäre eine datenschutzfreundliche Voreinstellung, dass ein neu angelegter Benutzer vorerst über keinerlei Zugriffsrechte auf Daten verfügt. Die Daten, die ein Benutzer im Rahmen seiner Tätigkeit sehen darf, sind erst nach dem initialen Anlegen des Benutzers aktiv zu berechtigen.

4 Softwareentwicklung

Das Thema Datenschutz, war selbstverständlich bereits vor Beschluss der DSGVO keinesfalls irrelevant im Bereich der Softwareentwicklung. Die bisherige europäische Datenschutzrichtline sowie eine Vielzahl von länderspezifischen Datenschutzgesetzen mussten schon in der Vergangenheit beachtet und umgesetzt werden. Es drängt sich also die Frage auf, welche konkreten Auswirkungen sich im Bereich der Softwareentwicklung und den zugehörigen Arbeitsabläufen ergeben. Dafür ist es sinnvoll sich zunächst die verschiedenen Ausprägungen von Softwareentwicklungsprozesses genauer anzusehen. In den späteren Kapiteln werden dann die einzelnen Prozessphasen analysiert, die in der Regel in jeder Vorgehensweise enthalten sind.

4.1 Klassische Entwicklungsprozesse

Als klassische Modelle für Entwicklungsprozesse können das Wasserfallmodell oder das V-Modell genannt werden. Dabei kann der Ablauf bei Verwendung des Wasserfallmodells mit folgenden Worten beschrieben werden "Das klassische Modell beschreibt den organisatorischen Ablauf durch die Einteilung in verschiedene Phasen analog eines Wasserfalls. Dieser Lebenszyklus beinhaltet eine starre Abfolge der Entwurfsphasen Analyse, Design, Implementierung, Test, Integration und Wartung. Die Abschnitte laufen streng sequentiell ab, eine neue Phase wird erst dann begonnen, wenn eine vorhergehende Phase abgeschlossen ist" (Schnauder, Jarosch und Thieme 2001, S. 172). Die hier genannten Entwurfsphasen finden also in einer festgelegten Reihenfolge nacheinander statt. Durch die vorgeschriebene sequentielle Abarbeitung der Phasen, sind diese Art von Modellen eher unflexibel, bei später im Projektverlauf eintretenden Veränderungen. Einer der wichtigsten Punkte ist also, dass bereits zu Beginn (in der Analysephase) alle relevanten Anforderungen bekannt sind und vollständig erfasst werden. Die Beseitigung von Fehlern, aber auch das Auftreten von ungeplanten Anforderungen ist wie in jedem klassischen Projekt teurer, je später im Entwicklungsprozess sie entdeckt werden. Dies zeigt folgende Abbildung exemplarisch:

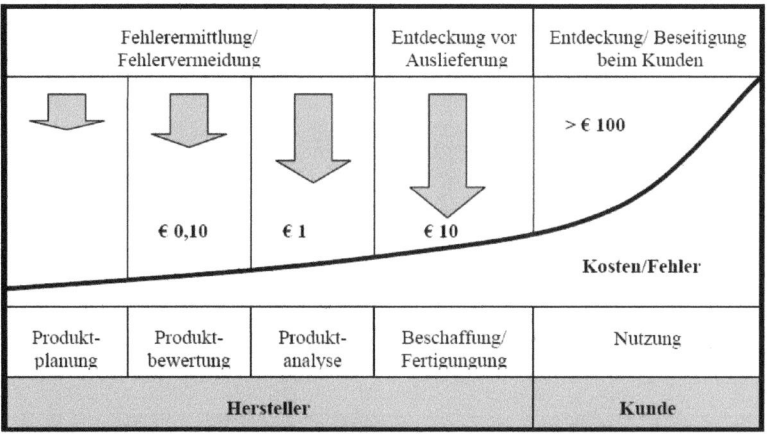

Abbildung 3: Kostenunterschiede in den verschiedenen Projektphasen (Mohr 2016)

Aufgrund dieser Tatsache, sowie unter Anbetracht der Strafen, kann für die klassischen Entwicklungsprozesse also geschlussfolgert werden, dass eine Implementierung einer datenschutztechnischen Bewertung von Anforderungen in einer der frühen Prozessphasen unabdingbar ist. So sollte ein datenschutzgerechter klassischer Entwicklungsprozess insbesondere in den Phasen Analyse und Design intensive Anpassungen erfahren. Die Frage wie das gewährleistet werden kann, wird in einem späteren Abschnitt erfolgen. Zunächst sei jedoch darauf hingewiesen, dass durch die sequentielle Abarbeitung der Prozessphasen eine gewisse Starrheit vorliegt, die den Druck auf die früheren Phasen erhöht. Ein Rücksprung von der Testphase zurück zur Analyse oder Designphase ist nicht vorgesehen. Daher ist es äußerst wichtig, dass die Betrachtung der datenschutzrelevanten Themen umfassend, ausführlich und ganzheitlich korrekt zu Beginn des Prozesses durchgeführt wird.

4.2 Agile Entwicklungsprozesse

Unter agilen Entwicklungsprozessen wird generell eher eine Denkweise als eine konkrete Methodik verstanden. Dabei geht die ursprüngliche Ideologie auf Experten im Bereich der Softwareentwicklung zurück, welche durch ein Umdenken, verbesserte Abläufe schaffen wollen. Die Personen, die für diese Denkweise stehen, haben ihre Ideen und Werte zusammengetragen und als „agiles Manifest" niedergeschrieben. Einen (übersetzten[5]) Überblick der wichtigsten Prinzipien zeigt folgende Abbildung:

Abbildung 4: Agile Prinzipien (o.V.)

Einer der wichtigsten Unterschiede zur klassischen Softwareentwicklung liegt außerdem in den iterativen, bzw. zyklisch wiederkehrenden Projektphasen die als parallele Aktivitäten ausgeführt werden (Eckstein 2015, S. 13). Es wird also nicht versucht ein komplettes Projekt vorab zu planen, zu entwickeln, zu testen und in Betrieb zu nehmen. Der Gedanke ist vielmehr durch sehr häufiges Durchführen dieser Projektschritte und damit häufigem Feedback, eine hohe Regressionsfähigkeit und eine damit verbundene hohe Qualität zu erlangen. Dabei gibt es eine Reihe agiler Techniken und Vorgehensmodelle, die in der Softwareentwicklung verwendet werden können. Als Vertreter der agilen Entwicklungsmethoden seien hier die häufig verwendeten Vorgehensmodelle Scrum, Kanban und Extreme Programming erwähnt. An dieser Stelle soll jedoch nicht auf ein spezifisches agiles Vorgehen eingegangen, sondern vielmehr allgemeingültige Aspekte beleuchtet werden. So ist es in agilen Prozessen, im Gegensatz zu den klassischen Vorgehensweisen, durchaus

---

[5] Original Prinzipien, sowie weitere Informationen sind unter http://agilemanifesto.org/ zu finden.

denkbar und teilweise sogar erwünscht, dass sich Änderungen in sehr späten Projektphasen ergeben. Denn in den meisten Fällen ergeben sich diese Veränderungen aufgrund von Lernergebnissen oder zusätzlichen Erkenntnissen (Wolf, H. und Bleek 2017, S. 15). Die einzelnen Phasen sind kürzer gehalten und werden nach Möglichkeit automatisiert. Sollte also aufgrund einer geänderten Anforderung in eine frühere Projektphase zurückgekehrt werden müssen, so ist dies weniger risikobehaftet und weniger zeitintensiv.

4.3 Andere Entwicklungsprozesse

Natürlich gibt es neben den bereits genannten Arten verschiedener Softwareentwicklungsprozesse auch alternative bzw. hybride Formen. So können beispielsweise das Spiralmodell oder Prototyping genannt werden bei welchen, ähnlich der agilen Ideologie, die einzelnen Prozessphasen mehrfach anhand von inkrementell erstellten Zwischenergebnissen (Prototypen) durchlaufen werden (Spitta 2013, S. 5). Außerdem kann noch das Rational Unified Process-Vorgehensmodell von IBM genannt werden. Die Vielfalt vorhandener und auch in der Praxis relevanter Softwareerstellungsprozesse ist ein ausschlaggebender Punkt, warum die im Verlauf dieser Arbeit vorgestellten Ergänzungen für die Erstellungsprozesse möglichst generell einsetzbar und für den jeweiligen Zweck adaptierbar sein sollen.

5 Vorgehensweise

Zur Erarbeitung der im Rahmen dieser Arbeit angestrebten Anpassungen in den einzelnen Prozessphasen eines beliebigen Softwareentwicklungsprozesses, werden mehrere alternative Forschungsmethoden in Betracht gezogen. Diese werden zunächst erläutert, bevor eine Abwägung der Eignung zur Erreichung der verfolgten Ziele erfolgt.

5.1 Fallstudien

Die Vorgehensweise Fallstudie sei hier in die zwei unterschiedlichen Arten Einzelfallstudie und vergleichende Fallstudien[6] unterteilt. Dabei handelt es sich bei der Einzelfallstudie um eine „komplexe ganzheitliche Analyse einer bestimmten Untersuchungseinheit" (Häder 2010, S. 350) bei der keine besondere Erhebungstechnik gefordert ist, sondern es sich eher um eine Strategie handelt, die sich mehrerer Techniken bedient (Häder 2010, S. 351). Eines der Probleme von Einzelfallstudien ist, dass sie den Anspruch erheben, eine spezielle Wirklichkeit im Rahmen von allgemeinen Bedingungen zu rekonstruieren. Dabei lassen sich die Ergebnisse einer einzelnen Studie jedoch nicht ohne weiteres generalisieren (Voigt, T. A. 2011, S. 141). Für die Forschungsmethode der vergleichenden Fallstudien ist es notwendig, dass sich die betrachteten Fälle in ihrer Form ähnlich und somit vergleichbar sind. Es ist zwar in manchen Bereichen möglich, dass alle relevanten Fälle betrachtet werden, in der Praxis werden allerdings für gewöhnlich nur eine Untermenge dieser Ausprägungen betrachtet (Stake 2013, S. 1). Dadurch unterliegen auch die vergleichenden Fallstudien dem Problem, dass nicht die allumfassende Realität wiedergespiegelt werden kann. Da eines der wesentlichen Ziele dieser Arbeit die Formulierung allgemeingültiger Hilfestellungen und Ergänzungen für möglichst viele Arten von Entwicklungsprozessen ist, kann mindestens die Einzelfallstudie bereits jetzt als unpassend angesehen werden. Die, alleine durch die Vorauswahl passender Varianten, um einiges zeitintensivere Forschungsmethode der Multiple-Case Study, würde in diesem Fall die beispielhafte Implementierung der als sinnvoll erachteten Maßnahmen in echte Entwicklungsprozesse bei echten Unternehmen benötigen. Dies würde jedoch sowohl den zeitlichen als auch den inhaltlichen Rahmen dieser Arbeit übersteigen und ist daher nicht in Betracht zu ziehen.

---

[6] Auch Multiple-Case Study genannt.

5.2 Experteninterview

Das Experteninterview, das in der Praxis häufig anhand eines Leitfadens durchgeführt wird[7], ist grob gesagt, eine Befragung einer Person, von der man sich eine adäquate (im Sinne von qualifizierte) Antwort auf eine Reihe von zielgerichteten offen formulierten Fragen erhofft (Kühl, Strodtholz und Taffertshofer 2009, S. 33). Dabei gilt es zunächst zu definieren, wer aufgrund welcher Qualifikationen, oder welchen Spezialwissens als Experte in Betracht gezogen werden kann. Anschließend ist die Ausarbeitung der Interviewfragen, bzw. des Leitfadens erforderlich. Sobald das erfolgt ist, können mit den gewünschten Interviewparten Termine zur Durchführung des Interviews erfolgen. Dabei ist auch die Art der Durchführung des Interviews zu vereinbaren und festzulegen. Als Gestaltungsformen bieten sich neben einer persönlichen Befragung beispielsweise die schriftliche (ggf. per Email) oder die telefonische Form an. Die Forschungsmethode Experteninterview wurde aufgrund der Tatsache vernachlässigt, dass die Verfügbarkeit von echten Experten zum Thema Datenschutz nach DSGVO, die ebenfalls über Expertenwissen im Bereich der Gestaltung von Softwareentwicklungsprozessen sehr eingeschränkt ist. Dafür ist sowohl die Diversität dieser beiden Wissensbereiche, als auch der unmittelbar bevorstehende Stichtag zur verpflichtenden Anwendung der DSGVO verantwortlich. Außerdem sind durch die in letzter Zeit stark vermehrten Literaturveröffentlichungen kaum neue Erkenntnisse aus Experteninterviews zu erwarten, die nicht bereits in einer Veröffentlichung benannt wurden. Eine Durchführung von mehreren einzelnen Experteninterviews, bei denen für je einen der Wissensbereiche ein oder mehrere Experten ausgesucht werden, scheitert an dem erhöhten Aufwand durch die Vorbereitung individueller Interviewfragen, sowie dem erhöhten zeitlichen Koordinationsaufwand für Termine bei mehr als einem Interviewpartner.

5.3 Literaturrecherche

Die Forschungsmethode der Literaturanalyse bezeichnet die qualitative und quantitative Analyse und Bewertung vorhandener Literatur innerhalb eines Bereichs (Schneider 2012, S. 49). Sie gestattet es, weitere Schlussfolgerungen aus dem bearbeiteten Material zu ziehen und somit einen eigenen Beitrag zur Forschung zu leisten. Jedoch unterliegt die Methode der grundlegenden Problematik, dass bei

---

[7] Daher ist auch der Sprachgebrauch „leitfadengestüztes Experteninterview" üblich.

widersprüchlichen Darstellungen in der Literatur nur schwerlich deren Ursache festzulegen ist. Diese kann teilweise in der naturgemäßen Subjektivität der erstellten Literatur liegen (Schneider 2012, S. 49), wodurch die Suche nach der objektiv richtigen Beschreibung eines Themas massiv erschwert werden kann. Für diese Arbeit wurde die Vorgehensweise der Literaturrecherche deshalb gewählt, weil es zum Zeitpunkt des Entstehens der Forschungsarbeit sehr einfach war, an entsprechende Literatur zu gelangen. So sind gerade in den ersten beiden Quartalen 2018 aufgrund der zeitlichen Brisanz in unzähligen Fachmagazinen Artikel und Untersuchungen zur DSGVO erschienen. Außerdem sind seit dem Beschluss der DSGVO im April 2016 zahlreiche Ratgeber, Handlungsempfehlungen und andere Fachliteratur entstanden und veröffentlicht worden. Der quantitativen Vielfalt der Literatur muss im Anschluss natürlich eine qualitative Bewertung folgen. Zudem herrscht große Einigkeit, was die Wichtigkeit des Forschungsthemas, der Einführung und Einhaltung der DSGVO, angeht. Da jedoch trotz der Vielzahl an veröffentlichen Handlungsempfehlungen, keinerlei konkrete Behandlung des Kontextes der Softwareentwicklungsprozesse erschienen ist, wurde exakt diese Forschungsmethodik zur Erstellung einer solchen Hilfestellung gewählt. Diese kann zukünftig unter den in diesem Abschnitt genannten Einschränkungen als neue Grundlage für zukünftige Literaturanalysen verwendet werden.

Nachdem nun mit der Literaturrecherche eine geeignete Forschungsmethode gefunden wurde, ist an dieser Stelle eine weitere Betrachtung alternativer Methoden, wie z.B. Feldbeobachtungen, Experimente oder alternative Interviewformen, obsolet. Dahingehend erfahren diese Methoden hier keine weitere Betrachtung.

6 Erweiterungen für Entwicklungsprozesse

Unabhängig von der Ideologie oder der konkreten Ausprägung eines Entwicklungsprozesses, gibt es einige feste Bestandteile, die sich in nahezu jeder Art von Softwareentstehungsprozessen wiederfinden lassen. Diese werden im folgenden Abschnitt beleuchtet und deren Relevanz für die Entstehung datenschutzkonformer Software erläutert und ausgeführt. Dabei werden Methoden und Vorgehensweisen entworfen, die sich möglichst einfach und flexibel in jede Art von Entwicklungsprozessen integrieren lassen. Ziel ist es nicht nur das Bewusstsein für die Notwendigkeit von Anpassungen im Entwicklungsprozess aufzuzeigen, sondern auch mit Hilfe konkret entworfener Beispiele eine Hilfestellung zur Gestaltung eines datenschutzkonformen Prozesses zu leisten, welcher den erhöhten datenschutzrechtlichen Anforderungen der DSGVO gerecht wird.

6.1 Requirements Engineering

Das Anforderungsmanagement spielt bei der Erstellung von Software eine zentrale Rolle. Die Hauptaufgaben des Requirements Engineering (RE) lassen sich hervorragend mit folgender Grafik illustrieren:

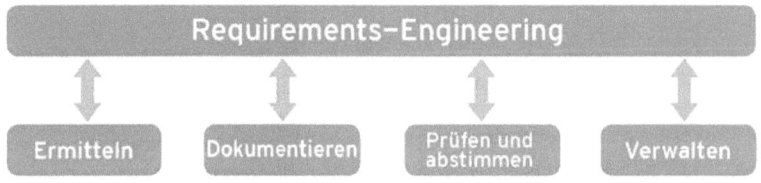

Abbildung 5: Haupttätigkeiten des Requirements Engineering (Rupp 2014, S. 14)

Dabei ist es in Fachkreisen bekannt, dass Mängel in diesen Bereichen, die wichtigsten und häufigsten Gründe für den Abbruch von Projekten sind. Außerdem ist systematisches RE der primäre Ansatzpunkt für Verbesserungsmöglichkeiten (Partsch 2010, S. 7). Spezielle Betrachtung muss hierbei der Themenbereich „prüfen und abstimmen" erfahren. Im Sinne der DSGVO muss also für sämtliche ermittelten sowie bereits dokumentierten Anforderungen eine Untersuchung auf ihre datenschutzrechtlichen Auswirkungen durchgeführt werden. Um deren ordentliche Erfassung zu gewährleisten, ist eine Bewertung anhand von zusätzlichen Datenschutzkriterien, die dabei auf die Einhaltung der Grundprinzipien (siehe Tabelle 1: Grundprinzipien bei der Verarbeitung von personenbezogenen Daten) im Umgang mit personenbezogenen Daten Rücksicht nehmen. Diese zusätzlichen Kriterien sind vorab zu prüfen und festzulegen. In vielen Anforderungsmanagementprozesse werden für solche Zwecke Checklisten oder Quality Gates[8] verwendet. Es folgt ein exemplarischer Entwurf für die notwendigen Erweiterungen bzw. zusätzlichen Kriterien einer solchen Checkliste:

- ☐ Anforderung wurde auf Datenschutzrelevanz überprüft
    - ☐ Der Anwender hat der Verarbeitung der Daten zugestimmt.
    - ☐ Der Anwender ist über Art und Umfang der Verarbeitung informiert.
    - ☐ Die Verarbeitung der Daten ist notwendig, um den gewünschten Zweck zu erfüllen.
    - ☐ Das Speichern der verarbeiteten Daten erfolgt verschlüsselt und / oder pseudonymisiert.
    - ☐ Nach dem Speichern der Daten sind diese nur für befugte Personen(gruppen) und Systeme auswertbar.
    - ☐ Die Daten werden vor unberechtigtem Zugriff und Verlust geschützt.
    - ☐ Es ist geklärt, wie die Daten bei Bedarf jederzeit gelöscht, oder unkenntlich gemacht werden können.
    - ☐ Es ist geklärt ob für diese Daten eine Löschfrist gilt, nach welcher eine automatisierte Löschung erfolgt.
    - ☐ Eine Löschung ist nachvollziehbar und die Gewährleistung der Nachweispflicht ist sichergestellt.

Dabei kann der Hauptpunkt entweder als zusätzliches Quality Gate definiert sein, oder in einer Checkliste als erfüllt markiert werden, sobald alle Unterpunkte geklärt und abgestimmt sind. Es ist durchaus im Bereich des Möglichen, dass sich im Rahmen dieser Überprüfungen weitere Tätigkeiten ergeben. Ebenfalls ist es jedoch denkbar, dass Anforderungen dadurch als nicht realisierbar bewertet werden. Ist also schon bei Betrachtung der Anforderung klar, dass sie aufgrund der Wahrung des Datenschutzes nicht, oder nicht mit wirtschaftlich sinnvollem Aufwand, umgesetzt werden kann, so ist dies mit den Stakeholdern zu klären. Wird das bei Anforderungen übersehen, sodass diese zunächst weitere Entwicklungsphasen durchlaufen, können bei Entdecken immense Mehrkosten entstehen. Erreicht beispielsweise eine Anforderung die Phase Test, so sind bereits unwiederbringliche zeitliche und personelle Ressourcen in die Umsetzung der Anforderung geflossen.

---

[8] Ein Quality Gate ist ein Begriff für eine imaginäre Kontrollschranke, die erst nach Überprüfung und Einhaltung vordefinierter Kriterien passiert werden darf.

Zusätzlich muss ein Rückbau durchgeführt werden, welcher erneut die Phasen Planung, Implementierung und Test durchlaufen muss.

Die exakte Ausgestaltung der Checkliste sollte jedoch von der Art des Projekts abhängig sein. So ist es zwingend erforderlich, dass eine Software und damit die einzelnen Anforderungen abhängig von ihrer Betriebsart und -Umgebung bewertet werden muss. Für die Konzeption muss gegebenenfalls unterschieden werden, wie die Applikation bereitgestellt wird (Webanwendung, lokale Clientanwendung, Mobile App) und an welchem Ort die erhobenen Daten verarbeitet werden (Outsourcing betrieb, interne Datenbanken, Filesystem).

Es ist dringend zu empfehlen, bereits in der Requirements-Engineering Phase das Thema Datenschutz-Folgenabschätzung zu betrachten. Gerade bei Neuentwicklungen ist diese sowieso durchzuführen. Die Erkenntnisse aus dem Requirements-Engineering können unmittelbar darin einfließen, da hier bereits ermittelt wird, welche Daten in welcher Weise verarbeitet werden. Außerdem sollten gegebenenfalls projektspezifische Löschkonzepte erarbeitet und als Standardvorgänge implementiert werden, um den Vorgang der Checklistenabarbeitung zu vereinfachen, indem nicht für jedes einzelne Feld extra Regeln spezifiziert werden müssen. In diesem Kontext fällt häufig der Begriff „Löschmanager", welcher hier aufgrund der Komplexität eine genauere Untersuchung erfährt.

6.1.1 Löschmanager

Die Gründe für die Notwendigkeit von Konzepten zur Löschung personenbezogener Daten wurde in den vorangehenden Abschnitten bereits erläutert. Nachfolgend werden konkrete Überlegungen aufgezeigt, welche für die Planung und die spätere Entwicklung eines solchen Löschmanagers unabdingbar sind. Dabei können die notwendigen Schritte bei einer starken Prozessorientierung der Entwicklungsabteilung innerhalb eines Information Lifecycle Management erfolgen. Auch hierfür gibt ITIL Anhaltspunkte zur Implementierung eines solchen Prozesses. Da eine Prozessausarbeitung nach ITIL jedoch in einem später folgenden Abschnitt Betrieb beispielhaft dargestellt wird, sei an dieser Stelle ein Beispiel für eine weniger prozessorientierte Ausarbeitung geliefert. Ein guter Einstiegspunkt ist, sofern bereits vorhanden, das Verzeichnis der Verarbeitungstätigkeiten. Anhand dessen lassen sich im Optimalfall bereits Kategorien der verarbeiteten Daten ableiten. Diese könnten wie folgt aussehen:

Tabelle 4: Datenkategorien innerhalb eines Löschkonzepts

konstant	dynamisch	personenbezogen
Daten ohne Personenbezug, die längst möglich im System verbleiben sollen	Daten ohne Personenbezug, die jedoch z.B. aus Speicherplatzgründen nach einer Frist gelöscht werden	Daten mit Personenbezug, die auf Anfrage oder nach Zweckentfall gelöscht werden müssen
personenbezogen mit Löschfrist	personenbezogen mit Aufbewahrungspflicht	
Daten müssen spätestens nach gesetzlicher Frist gelöscht werden	Der Löschung der Daten stehen gesetzliche Aufbewahrungspflichten im Weg	

Dabei ist gerade bei den zuletzt genannten Kategorien durchaus denkbar, dass manche Daten in mehrere Kategorien fallen. Als nächstes ist eine Datenbank zu pflegen, welche die gesetzlichen Fristen sowohl zur Löschung als auch zur Aufbewahrung, beispielsweise nach GoBD[9], enthält. Die spätere Implementierung des Löschmanagers hat diese Daten dann abzufragen und nach den entsprechenden Regeln zu befolgen. Außerdem sollte innerhalb des Löschmanagers eine Dokumentationsfunktion für die gelöschten Daten erstellt werden. Im primitivsten Fall ist das, eine banal gestaltete Protokollierung, anhand welcher sich nachweisen lässt, dass die Daten tatsächlich gelöscht wurden. Hierbei ist zu beachten, dass die Protokollierung selbst keine datenschutzrelevanten Informationen enthält, welche wiederrum eigenen Löschregeln folgen müssten, oder gar die Daten die eigentlich gelöscht werden sollten, auf diesem Weg wieder speichern. Zur Einhaltung fester Löschfristen, ist es zudem unabdingbar, dass für die jeweiligen Daten ein Erfassungszeitpunkt vorliegt. Nur bei Vorliegen dieser Information, kann festgestellt werden, wann die Daten einer erhoben wurden und wann die vorgesehene Frist abgelaufen ist, sodass eine Löschung erfolgen muss.

6.2 Implementierung

Die Implementierungsphase umfasst die grundlegenden Tätigkeiten eines Softwareentwicklers oder Softwarearchitekten. Dazu gehören neben der reinen Erstellung des Quellcodes gegebenenfalls auch der Entwurf sowie die anschließende Erschaffung benötigter Architekturen und Grundgerüste. Wird nach dem Prinzip des

---

[9] Die GoBD sieht Aufbewahrungspflichten von 10 Jahren aus steuerlichen Gründen vor.

Test-Driven-Developments[10] vorgegangen, so fällt in der Regel auch das Erstellen von automatisiert ablaufenden Tests in den Zuständigkeitsbereich eines Programmierers. Natürlich lässt sich für die Erstellung einzelner Codezeilen nur schwerlich eine konkrete Maßnahme aufgrund der DSGVO oder wegen bisher geltenden Datenschutzgesetzen ableiten. Da jedoch für gewöhnlich pro umgesetzter Anforderung mehr als nur eine Codezeile zu modifizieren ist, können auch schon während der Entwicklungsphase Vorkehrungen getroffen werden, die dem Begriff „datenschutzkonforme Entwicklung" entsprechen. Es ist durch Softwarearchitekten und Spezialisten zu untersuchen, welche Anpassungen und Hilfestellungen für das Entwicklungsteam zur Verfügung gestellt werden können. Es bieten sich hier eine Vielzahl an Möglichkeiten, um dieses Ziel zu erreichen. Einige dieser sollen in folgender beispielhaft entworfenen Tabelle näher ausgeführt werden:

Tabelle 5: Hilfestellungen während der Implementierungsphase

ID	Beschreibung	Grund	Ziel
1	Sicherstellung einer optimalen Entwicklungsumgebung	Verwendung von aktuellen Technologien, um bekannte Sicherheitslücken zu vermeiden	Wahrung von Integrität und Vertraulichkeit
2	Auswahl und Implementierung geeigneter Algorithmen für multiple Zwecke	Nicht jeder Entwickler soll selbst darüber nachdenken (müssen) welcher Algorithmus zu welchem Zweck zugleich ausreichend sicher und performant ist	Verschlüsselung und Pseudonymisierung
3	Technische Grundlage zur Beauskunftung von Daten	Es soll nicht bei jedem neuen Feld einzeln daran beachtet werden müssen, wie die Daten dieses Feldes verfügbar gemacht werden können	Nachkommen der Informationspflichten
4	Technische Grundlage zur Löschung von Daten (Löschmanager)	Es soll nicht bei jedem neuen Feld einzeln daran beachtet werden müssen, wie die Daten dieses Feldes gelöscht werden können. Ggf. Bereitstellung von Löschautomatismen	Löschpflichten, Speicherbegrenzung
5	Entwurf und Bereitstellung von angepassten Softwareklassen / Paketen / Komponenten mit Basisfunktionalitäten	Einmal entworfene / designte Codeartefakte sollten an einer zentralen Stelle für alle verfügbar sein	Minimierung von Aufwand und Fehleranfälligkeit

---

[10] Test-Driven-Development bezeichnet eine Vorgehensweise beim Programmieren.

Die obenstehenden Maßnahmen können durchgeführt werden, um die Entwickler während der Entwicklungsphase zu unterstützen. Als konkretes Beispiel für eine allgemeine Komponente die als Basis für datenschutzrelevante Eingaben verwendet werden kann, sei hier ein maskiertes[11] Eingabefeld genannt. Ein derartiges Element kann als Muster für Eingabefelder bereitgestellt werden und wird dadurch ebenfalls dem Grundsatz der Unkenntlichmachung von Daten (ähnlich Verschlüsselung oder Pseudonymisierung) gerecht. Insgesamt spielt das Anlegen und zur Verfügung stellen von technischen Entwurfsmustern[12] bzw. Templates eine tragende Rolle. Diese bieten eine gute Orientierungshilfe für einen standardisierten Softwareentwurf und eine ebenso standardisierte Softwareentwicklung. Dabei ist es ebenfalls hilfreich eigene projektspezifische Richtlinien und Muster zu entwerfen und zu dokumentieren. Solche Vorlagen können verwendet werden, um sich an Wesentliches erinnern zu lassen. Dabei kann der Kopf für kreative und kommunikative Aufgaben freigehalten werden. Das Mitdenken wird dem Entwickler dadurch zwar nicht abgenommen, jedoch wird er vor trivialen Fehlern durch Vergessen bewahrt (Starke und Hruschka 2018, S. Unbekannt). Sind diese Grundlagen, Denk- und Entwurfsmuster erst einmal im Entwicklungsteam verankert, ergeben sich daraus neben zeitlichem Einsparungspotential, auch Sicherheiten für die einzelnen Entwickler. Die DSGVO sieht bei Verstößen, bei denen es zu einem materiellen oder immateriellen Schaden kommt vor, dass von der betroffenen Person Schadensansprüche gegen jeden „an der Verarbeitung beteiligten Verantwortlichen" (Art. 82 S. 2 DSGVO) geltend gemacht werden können. In erster Linie sind damit, innerhalb eines Unternehmens, der Geschäftsführer sowie der Datenschutzbeauftragte davon betroffen. Es ist aber nicht ausgeschlossen, sofern der Verstoß auf Fahrlässigkeit beruht, dass es zu innerbetrieblichen Konsequenzen gegen den verantwortlichen Mitarbeiter kommt.

---

[11] Als „maskiertes" Eingabefeld, wird ein Textfeld bezeichnet, in dem die eingegebenen Buchstaben nicht direkt dargestellt werden, sondern durch einen Platzhalter z.B. „*" dargestellt werden. Dies ist z.B. bei der Eingabe von Passwörtern üblich.

[12] Einen guten Überblick über bekannte Entwurfsmuster sowie ausführliche Erläuterungen finden sich in dem Buch „Entwurfsmuster: Elemente wiederverwendbarer objektorientierter Software" von E.Gamma 2011, Addison-Wesley, 6. Aufl., ISBN 9783827330437

6.3 Test

Unter den Begriff „Test" können im Rahmen der Softwareentwicklung viele verschiedene Testformen fallen. Dabei wird je nach Zeitpunkt (in frühen Projektphasen z.b. Unit oder Komponententests) oder Art (z.B. Blackbox, Whitebox[13]) des Tests und wodurch der Test (z.b. ein automatisiertes System, fachlicher oder technischer Experte) durchgeführt wird unterschieden. Für die hier angedachte Betrachtung sei jedoch der Fokus auf manuelle Tests in Form von explorativen[14] Tests oder Expertentests gelegt. Aspekte zum automatisierten Testen sollten eher im Bereich Implementierung angesiedelt sein. Zwar werben Test-Toolhersteller häufig damit, dass für die Erstellung der automatisierten Tests keine speziellen Programmierkenntnisse erforderlich sind, jedoch wird dieses Versprechen in der Realität oft nicht gehalten (Witte 2015, S. 228). Ebenfalls sei erwähnt, dass sich die im folgenden Abschnitt beschriebenen Testmaßnahmen hauptsächlich auf inhouse Tests beziehen, da in vielen Fällen keine geeignete Testumgebung[15] beim Kunden gegeben ist. Als erste Grundlage für einen Test kann die Spezifikation des zu testenden Objekts gelten. Dabei wird das funktionale Verhalten des Programms überprüft (Liggesmeyer, Sneed und Spillner 2013, S. 27). Wurde also wie im Abschnitt RE beschrieben, eine Checkliste oder ein Quality Gate mit Bezug auf die datenschutzrechtliche Relevanz der Anforderung eingesetzt, so kann davon ebenfalls in der Testphase profitiert werden. Die Checkliste ist allerdings gegebenenfalls, um Punkte zu erweitern, die speziell nur für die Testphase relevant sind. Ein Test auf die Einhaltung der Spezifikation, kann somit bereits Designfehler sowie Programmierfehler aufdecken (Grünfelder 2017, S. 15). Als spezieller Schwerpunkt im Rahmen der Anpassung der Testphase zur Gewährleistung eines Entwicklungsprozesses der die DSGVO-Vorgaben erfüllt, sollte die Erstellung von Testdaten und Testfällen genannt werden. Ein beispielhaft erfasster Testfall zur Überprüfung einer

---

[13] Blackbox- und Whitebox- Tests werden anhand der Bekanntheit des Programmcodes unterschieden. Kennt ein Tester den Quellcode des Prüflings handelt es sich um einen Whitebox-Test. Ist der Sourcecode unbekannt, wird von einem Blackbox-Test gesprochen.

[14] Unter explorativen Tests wird verstanden, dass der Test manuell ohne und ohne strenge Vorgaben erfolgt. Dabei kann auf eine ihm beliebige Art und Weise mit dem Prüfling interagieren, um dessen Reaktion darauf festzustellen und somit die Funktionalität des Systems Stück für Stück entdecken (Whittaker 2009, S. 16).

[15] Unter geeigneter Testumgebung ist in diesem Falle der konkrete Bezug auf die Sicherstellung einer datenschutzkonformen Entwicklung gemeint. In diesem Bereich „unfertige" Software, sollte niemals mit Echtdaten arbeiten. Außerdem müssen für diesen Fall auch die Tests an sich (inklusive Testfälle) den Datenschutzvorgaben entsprechen.

automatischen Löschfunktionalität beim Wegfall des Erhebungszwecks könnte dabei wie folgt gestaltet werden:

ID	Beschreibung	Testobjekt	Testziel
1	Die personenbezogenen Daten von Umfrageteilnehmern werden nach entfall des Erhebungszwecks automatisch gelöscht	Eingabemaske "Persönliche Daten"	Nach Erreichen des Datums im Datenfeld "Ende Erhebungsgzweck" sind die personenbezogenen Daten der Teilnehmer gelöscht
	Testschritte	**Testdaten**	**Testergebnis**
	1. Laden von Testdaten für die Maske "Persönliche Daten" aus der Testdatenbank 2. Vorgabe eines Datums "Ende Erhebungszweck" 3. Speichern der Vorgaben 4. Erreichen des Zieldatums ggf. durch lokale Datumsmodifikation simulieren 5. Prüfen ob die Daten immer noch vorhanden sind	Daten aus Testdatenbank für die Felder: "Name", "Vorname", "Geburtsdatum", "Adresse"	offen

Abbildung 6: Musterbeschreibung eines Testfalls (eigene Darstellung)

Auch hier sei nochmals auf die, im Abschnitt „Implementierung" erwähnten, Vorteile bei der Verwendung von Vorlagen hingewiesen. Anhand dieses Beispiels lässt sich auch erklären, dass es sinnvoll ist eine Datenbank für Testdaten zu führen. Dabei sollte insbesondere darauf Wert gelegt werden, dass die Daten realitätsnah sind und gleichzeitig keine Echtdaten darstellen. Dafür können beispielsweise synthetische Daten, die künstlich erzeugt werden und dabei über keinen natürlichen Ursprung verfügen (Franz, Tremmel und Kruse 2018, S. 45) verwendet werden. Dabei ist zu beachten, dass Varianten und mengenmäßige Verteilung der Daten innerhalb des Testsystems realistisch abgebildet werden. Dazu benötigt es häufig tiefere Kenntnisse der verwendeten Geschäftslogik und des Datenmodells (Franz et al. 2018, S. 46). Eine andere Möglichkeit zur Generierung von Testdaten ist die Erzeugung pseudonymisierter Daten. Dabei ist die Quelle der Daten eines natürlichen Ursprungs (z.B. Produktivdaten). Generiert werden die Daten unter Zuhilfenahme von Zuordnungsregeln, welche im Nachhinein keine rückseitige Zuordnung mehr zu einer spezifischen Person zulassen (Franz et al. 2018, S. 46). Dies muss dabei, in einem für Artikel 4 DSGVO ausreichenden Maße zu erfolgen.

6.4 Betrieb

Für die Betriebsphase können durchaus sehr umfangreiche Überlegungen getätigt werden. So sollten in einem Unternehmen beispielsweise die grundlegenden Betriebskonzepte der vertriebenen Software überdacht und im Rahmend der DSGVO neu bewertet werden. Hierbei ist unter anderem zu hinterfragen, wo, auf welche Weise, auf welchen Transportwegen, und in welchem Umfang erhobene Daten verarbeitet werden sollten, können oder dürfen. So könnte das Ergebnis einer solchen Überprüfung im Extremfall sein, dass der Vertrieb der betroffenen Software eingestellt werden sollte, da die Betriebsart nicht die Vorgaben der DSGVO erfüllen kann und eine Anpassung aus finanziellen oder zeitlichen Gründen nicht wirtschaftlich möglich ist. Da diese Untersuchung und Bewertung jedoch höchst spezifisch für das einzelne Softwareprojekt im Unternehmen erfolgen muss und eine generelle Beschreibung und Ausarbeitung dieser Betriebskonzeptvarianten den Rahmen dieser Arbeit übersteigt, wird an dieser Stelle auf eine genauere Betrachtung verzichtet. Stattdessen finden an dieser Stelle Punkte Erwähnung, die in vielen Unternehmen gleichartig behandelt werden.

Ein gutes Beispiel dafür ist die Verwendung von Fernwartungssoftware oder Teleservice für Supportzwecke. Der Grund für den Einsatz dieser Techniken ist darin zu sehen, dass sich die Anbieter gegebenenfalls anfallende Fahrtzeiten und Reisekosten ersparen, während die Kunden von den schnelleren Reaktionszeiten sowie den, durch die gesunkenen Aufwände, eventuell besseren Konditionen profitieren (Bruggmann, Ferner und Klebs 2017, S. 221). So gelten bereits beim Vorhandensein einer technischen Möglichkeit zur Fernwartung und der damit verbundenen Möglichkeit zum Zugriff auf personenbezogene Daten die Vorgaben aus §11 Abs. 1 bis 5 BDSG, welche im Gegensatz zur DSGVO konkrete Regelungen zum Thema Fernwartung beschreiben.

Im Sinne der DSGVO handelt es sich dabei jedoch um eine Art der Auftragsdatenverarbeitung. Das bedeutet, dass für diese Fälle die Regelungen in Art. 28 DSGVO entsprechend anzuwenden sind (Bruggmann et al. 2017, S. 221). Hierfür sind unter Umständen die Verträge, die im Rahmen der Auftragsdatenverarbeitung geschlossen werden, zu überarbeiten und durch Standardklauseln gemäß Art. 28 Abs. 7 und 8 DSGVO zu erweitern. Für die Neugestaltung dieser Verträge, eignet sich ebenfalls eine strukturierte Vorgehensweise anhand von Checklisten. Für derartige

Checklisten gibt es bereits zahlreiche Muster[16], weshalb hier keine genauere Ausgestaltung einer solchen Liste stattfindet.

Ein weiteres zentrales Thema, welches den Betrieb von Software betrifft, ist die Verpflichtung zur Meldung von Datenschutzverstößen. Dafür ist es ratsam Konzepte und Prozesse zu entwickeln, die automatisiert bei der Meldung eines solchen Verstoßes weitere Maßnahmen in die Wege leiten. Hierfür wird der Bereich „Service Operation" von ITIL nochmals eine genauere Betrachtung erfahren. Die beiden häufigsten Begriffe in diesem Zusammenhang sind Problem-Management und Incident-Management. Das Problem Management analysiert dabei die grundlegenden Ursachen von Incidents und betreibt innerhalb eines eigenen Teilprozesses die Ursachenanalyse für das Incident Management. Der Problem-Management-Prozess sollte dabei sowohl reaktiv durch einen Mitarbeiter als auch proaktiv durch ein überwachendes System angestoßen werden können. Dadurch können im Optimalfall bereits Problemlösungen für zukünftige Incidents zur Verfügung gestellt werden (Wolf, K. und Sahling 2014, S. 28). Im Falle eines Incidents, sieht es ITIL vor, dass anhand einer strukturierten Vorgehensweise der fehlerfreie Betrieb möglichst schnell wiederhergestellt werden kann. Die Vorgehensweise besteht dabei aus den folgenden 7 Schritten (nach Realtimepublishers.com 2007):

1. Störungsannahme und Störungsaufzeichnung: Feststellung der Störung und Erstellen eines Incident-Records zur Speicherung und Nachverfolgung der Störung.

2. Klassifizierung der Störung und initiale Supportleistung anhand folgender Kriterien: Kategorie, Auswirkung, Dringlichkeit, Priorität, Service Level Agreement.

3. Serviceanfrage: Falls nötig, sollte eine Möglichkeit bestehen den passende IT-Service zur Unterstützung der Störungsbehebung auszulösen.

4. Feststellen, ob es sich bei der Störung um ein bereits bekanntes Problem handelt und ob dafür bereits ein bekannter Workaround existiert.

5. Ermittlung und Diagnose: Falls noch keine Lösung für das Problem bekannt ist, muss eine neue Lösung ermittelt werden.

6. Lösung des Problems und Rückkehr zum Normalbetrieb, sowie Speicherung der Lösung in einer Datenbank für zukünftige Zwecke.

---

[16] Ein Muster findet sich z.B. in Moos, Schefzig und Arning (2018) „Die Neue Datenschutz-Grundverordnung: MIT Bundesdatenschutzgesetz 2018", Kapitel 7, Abschnitt F II

7. Abschluss der Störung: Wenn der Anwender mit der Lösung zufrieden ist, kann die Störung als abgeschlossen betrachtet werden.

Der gesamte Incident-Management-Prozessablauf lässt sich an dem folgenden Schaubild nochmals detailliert verdeutlichen:

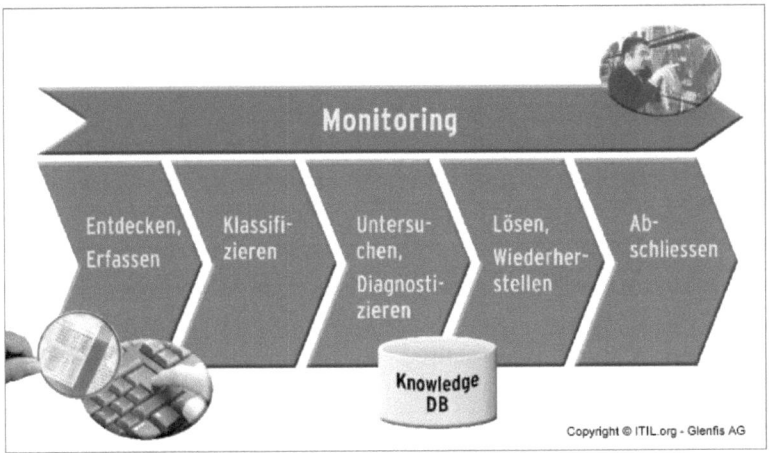

Abbildung 7: Incident Management (ITIL.org - Glenfis AG)

Dieser Ablauf soll nun anhand eines konkreten Beispiels eines Datenschutzvorfalls durchgespielt werden, um anschließend konkrete Maßnahmen für die Implementierung eines solchen Prozesses abzuleiten.

Als Beispiel sei ein Onlineshop mit einer Kundendatenbank in einer Größe von 10.000 Kunden gegeben. Als Vorfall wird die Entwendung beziehungsweise unerlaubte Kopie aller vorhandenen Kundendatensätze durch Fremde angenommen.

Der erste Schritt ist demnach, das Entdecken und Erfassen des Vorfalls. Dies kann entweder durch einen Kunden, der ein ungewöhnliches Verhalten meldet, oder durch ein elektronisches System zum Monitoring der Daten erfolgen. Die tatsächliche Quelle ist für dieses Beispiel zunächst jedoch unerheblich. Nach Erfassung der Störung wird ein Incident-Record erstellt, welcher im weiteren Prozess um die unter dem vorangegangenen Punkt Klassifizierung genannten Kriterien ergänzt wird. In einem automatisierten Ablauf sollte gleichzeitig eine Benachrichtigung der Verantwortlichen bzw. der für den Datenschutz beauftragten Personen erfolgen. Im Kontext der DSGVO ist vor allem wichtig, dass die Auswirkungen der Störung betrachtet und bewertet werden. Unter Umständen muss nicht nur innerhalb von 72 Stunden eine Meldung an die zuständige Aufsichtsbehörde entrichtet werden, sondern es hat ebenfalls eine Benachrichtigung der betroffenen Personen zu erfolgen. Dies ist der Fall, wenn ein Risiko für die persönlichen Rechte oder Freiheiten einer betroffenen Person besteht (Hudy 2016). In diesem Beispiel gehen wir davon aus, dass die Kundendaten – im speziellen Adressen, Namen, Passwörter und Zahlungsinformationen – in der Datenbank sowohl pseudonymisiert als auch verschlüsselt hinterlegt wurden. Dadurch dürften durch die Störung keine Risiken für die Rechte oder Freiheiten der betroffenen Personen entstehen.

Im nächsten Prozessschritt des Incident-Managements werden IT-Services zur Behebung der Störung ausgelöst. Beispielhaft für den genannten Vorfall wären Services zum Sperren der Kundenlogins, zum Zurücksetzen der Passwörter und zur Sicherung der Netzwerkhardware vor Fremdzugriffen durch Benachrichtigung der zuständigen IT-Abteilung. Dabei erfolgt ein Abgleich des Incidents mit der internen Incident-Datenbank, ob ein solches Problem in der Vergangenheit bereits vorgekommen ist. Da es sich für das hier genannte Beispiel um den ersten Vorfall dieser Art handelt, ist im nächsten Schritt die IT-Forensik zu benachrichtigen. Deren Aufgabe ist es nun, eine Untersuchung in die Wege zu leiten, zur Klärung, wie es zu der Betriebsstörung (bzw. zu dem Datenverlust) kommen konnte. Für diesen konkreten Fall ist also zu ermitteln, wie der unerlaubte Zugriff stattgefunden hat. Anschließend sind Lösungen zu erarbeiten und zu dokumentieren. Ist beispielsweise ein offener Port in der Firewall oder das Verwenden von Standardpasswörtern und Benutzern für die Sicherheitslücke verantwortlich, muss dies behoben und für zukünftige Zwecke in der Incident-Datenbank gespeichert werden. Anschließend kann in den Normalbetrieb übergegangen werden und die Störung als behoben betrachtet werden.

Das Beispiel für einen konkreten Prozessentwurf mittels BPMN ist in der nachfolgenden folgenden Abbildung zu sehen.

Erweiterungen für Entwicklungsprozesse

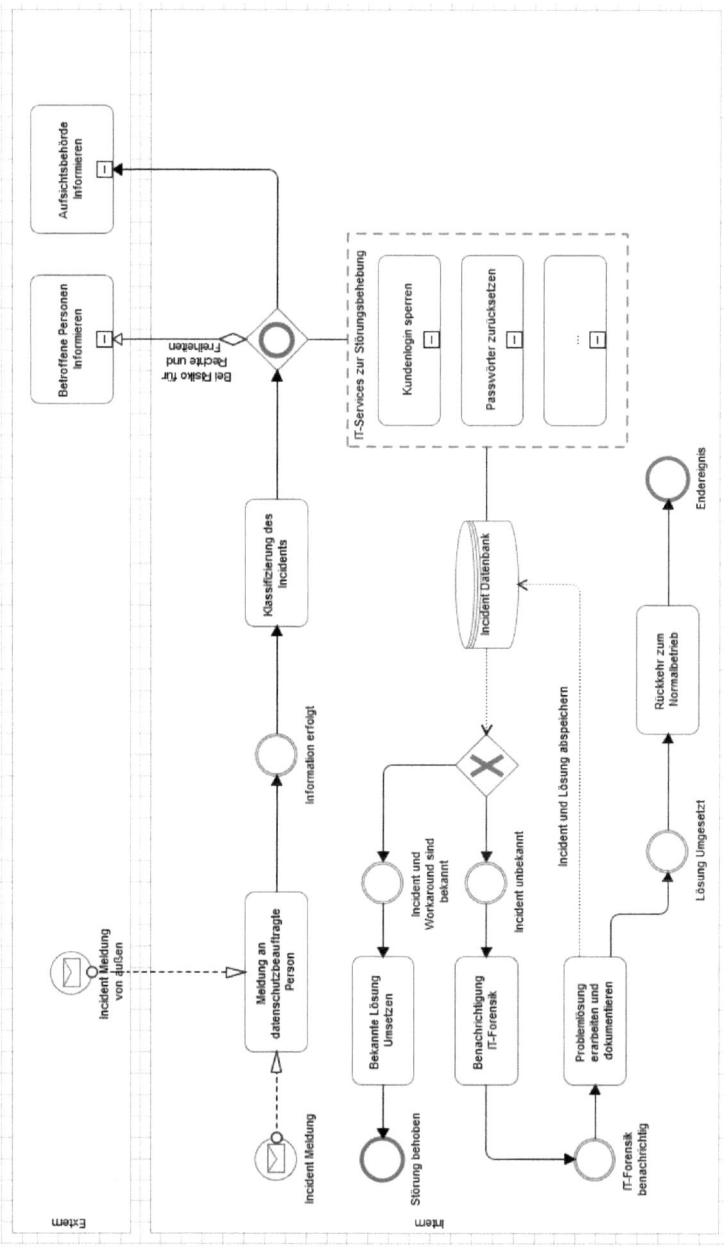

Abbildung 8: Exemplarischer Incident Managementprozess für Datenschutz (eigene Darstellung)

41

Die einzelnen Arbeitsschritte der Unterprozesse müssen dabei getrennt und individuell festgelegt werden. Je länger ein derartiges Incident-Management-System im Einsatz ist, desto wirksamer wird es. Dies ist auf das Anwachsen der Incident Datenbank und der über die Betriebsdauer zunehmende Anzahl der IT-Services zur Störungsbehebung zurückzuführen. So kann anhand dieses, nach ITIL-Beispiel gestalteten, Prozesses eine Einsparung von Zeit und Kosten, sowie eine erhöhte Sicherheit im Umgang mit Betriebsstörungen erreicht werden. Weitere positive Nebeneffekte, die durch die Automatisierung von Abläufen entstehen, ist beispielsweise eine verkürzte Reaktionszeit beim Auftreten solcher Störungen. Auch für den Bereich des Incident-Managements eignet es sich in Teilbereichen auf Checklisten, oder Vorlagen zurückzugreifen. Dies vereinheitlicht den Informationsgehalt von Incident-Records, -Priorisierung und -Report.

6.5 Prozessanpassung

Der überwiegende Teil der oben angeführten Anpassungen kann mit geringem Aufwand auf unternehmensinterne Abläufe übertagen und für die eigenen Zwecke adaptiert werden. Mit Ausnahme des Incident-Managements handelt es sich dabei um kleinere Justierungen an bereits bestehenden Prozessen. Bei einem systematisch geplanten Change-Management lassen sich derartige Änderungen relativ einfach und in organisierter Art und Weise in einen bestehenden Entwicklungsprozess integrieren. Trotzdem seien hier einige Hilfestellungen zur Einführung dieser Veränderungen genannt. Zunächst ist es ratsam, die von den Änderungen betroffenen Personen, für das Thema Datenschutz zu sensibilisieren. Dabei ist es wichtig den Mitarbeitern zu vermitteln, dass Datenschutz und die Umsetzung der DSGVO nicht ausschließlich Themen des Top-Managements sind. Jeder Mitarbeiter, der an der Erstellung einer Software beteiligt ist, sollte die Notwendigkeit der Anpassungen nachvollziehen können. In gut etablierten Unternehmenskulturen, bei denen das Wohl und Fortbestehen des Unternehmens bei den Angestellten als oberstes Ziel durch persönliches Commitment verankert ist, kann es genügen, über die Gefahren durch die im Ernstfall sehr hoch ausfallenden Strafen hinzuweisen. Als weitere Motivationspunkte können die Grundrechte und Freiheiten der Personen deren Daten durch die Software verarbeitet wird genannt werden. Erst wenn ein Verständnis für den Grund der Prozessanpassungen geschaffen ist, wird ein möglicherweise anfallender Mehraufwand von den beteiligten Personen akzeptiert. Ziel sollte jedoch nicht nur die Akzeptanz der Veränderung sein, sondern dass die Prozesse durch Eigeninitiative und Mitwirkung im Rahmen eines kontinuierlichen

Verbesserungsprozesses weiterentwickelt werden. Dies kann beispielsweise anhand unternehmensweiter Platzierung des Themas Datenschutz über ein Intranet erfolgen. In diesem Fall benötigt die Realisierung einen eher geringen Zeitaufwand.

Ist dieses Bewusstsein geschaffen, können beispielsweise Mitarbeiter im Anforderungsmanagement dabei helfen, eine sinnvolle Integration der im Abschnitt 6.1 Requirements-Engineering aufgeführten Maßnahmen zu gewährleisten. Da sich diese Personen am Besten mit den eigenen Abläufen und Prozessanforderungen auskennen, ist es sinnvoll die anfallenden Anpassungen an Checklisten oder Quality-Gates für Ihre Zwecke entwickeln und durchführen zu lassen. Eine derartige Anpassung sollte dabei nicht länger als zwei Wochen intensive Beschäftigung benötigen.

Selbiges gilt größtenteils im Bereich der Programmiertätigkeiten und der Testdurchführung. Zur Entwicklung von Vorlagen, Architekturen, Codebeispielen und speziellen Komponenten, sollten hauptsächlich Software Architekten in die Verantwortung gezogen werden. Jedoch ist diese Rolle nicht in allen Entwicklungsabteilungen eindeutig vergeben. Für diesen Fall können die aufgeführten Tätigkeiten durch alle, oder zumindest einer geeigneten Gruppe von Softwareentwicklern, abgestimmt und umgesetzt werden. Eine Dokumentation der festgelegten Änderungen und Maßnahmen in den Programmierrichtlinien sowie der Architekturbeschreibung muss dabei ebenfalls durchgeführt werden. Die Durchführung dieser Arbeiten wird natürlich etwas Zeit in Anspruch nehmen, jedoch sollten schon nach geringer Zeit, technische Konzepte, die nach und nach erweitert und umgesetzt werden können, zur Verfügung stehen.

Mit der Entwicklung von Anpassungen in der Testphase, sollten die Testmanager beauftragt werden. Während hier wieder die Anpassung von Checklisten schnell erledigt sein wird, ist zusätzlich das Spezifizieren, Entwerfen und Anlegen von passenden Testfällen und Testdaten zu erledigen. Sofern nicht auf einfachem Wege synthetische Testdaten erzeugt werden können, kann sich dieser Vorgang im schlimmsten Fall über mehrere Monate hinweg durchziehen, bis eine relevante, realitätsnahe Testdatenbasis geschaffen wurde.

Die, auch zeitlich, umfangreichsten Schritte zur Prozessanpassung fallen sicherlich in die Anpassungen der Betriebsphase. Das Entwerfen und Erstellen von Betriebskonzepten, oder deren bloße Änderung, kann sowohl in der Planung, als auch in der Durchführung sehr zeitintensiv sein. Zusätzlich ist zu klären, welche vertraglichen Anpassungen für etwaige Fernwartungen oder andere Supportdienstleistungen notwendig sind. Diese sind mit der Rechtsabteilung sowie mit der

Vertriebsabteilung abzustimmen. Generell sind bei den Anpassungen der Betriebsphase tendenziell mehrere interne Abteilungen mit einzubeziehen, deshalb ist dies eher im Middle- bis Upper-Management anzusiedeln, von wo aus eine sinnvolle Steuerung und Koordination erfolgen kann. Besonders herausfordernd ist dabei die Umsetzung des Incident-Managements nach ITIL. Hierfür muss nicht nur der Prozess an sich geschaffen werden, es sind ebenfalls viele Abteilungen involviert, die sich untereinander zunächst abstimmen müssen, um Schnittstellen für die verschiedenen Übergänge zu definieren. So ist klar zu definieren, wer beispielsweise die Incident-Datenbank betreibt, wer darauf Zugriff hat, wer von welcher Stelle aus, zu welchem Prozesszeitpunkt daraus lesen und darauf schreiben darf. Eine andere Schnittstelle ist bei der Information der IT-Forensik zu definieren. Hier ist klarzustellen, welche Informationen erwartet werden, und in welcher Form eventuelle Ergebnisse zurückgeliefert werden. Unter Umständen müssen interne Service-Level-Agreements zu Antwortzeiten getroffen werden. Es darf nicht vergessen werden, dass im Ernstfall innerhalb von 72 Stunden nach dem Bekanntwerden eines Datenschutzvorfalls, die Aufsichtsbehörde mit entsprechenden Informationen benachrichtigt werden muss. Eine zeitliche Einschätzung zur Dauer der Etablierung eines Prozesses fällt schwer. Dies ist maßgeblich von den internen Unternehmensstrukturen, der Unternehmensgröße und den dafür aufgewendeten zeitlichen Ressourcen abhängig. Dennoch kann dieses Thema aufgrund ihrer Relevanz im Rahmen der DSGVO nur schwerlich ignoriert werden.

7 Fazit / Ausblick

7.1 Fazit

Der Termin zum endgültigen Inkrafttreten der DSGVO rückt immer näher. Es zeigt sich anhand von Last-Minute Ratgebern deutlich, dass in den meisten Unternehmen bereits umfangreiche Anpassungen stattgefunden haben sollten, denn die Zeit für die Umsetzung derartiger Maßnahmen wird langsam knapp. Trotzdem haben einige Tätigkeitsbereiche innerhalb der Unternehmen noch keine besondere Betrachtung hinsichtlich der DSGVO erfahren. Im Rahmen der umfangreichen Recherchen für diese Arbeit und der Untersuchung aus dem speziellen Blickwinkel von Unternehmen in der Softwarebranche hat sich gezeigt, dass speziell im Entwicklungsprozess noch keinerlei erwähnenswerten Optimierungen stattgefunden haben. Die Ergebnisse dieser Arbeit zeigen jedoch, dass es für Softwarehersteller durchaus sinnvoll ist, unternehmensweit übergreifend alle Prozesse auf den Prüfstand zu stellen, um zu ermitteln welche Anpassungen sinnvoll sind. Dabei genügt es nicht nach bisherigen Handbüchern und Leitfäden vorzugehen, denn die darin geleisteten Hilfestellung beziehen sich lediglich auf die durch die DSGVO unmittelbar betroffenen Themengebiete. Die hier erarbeiteten Anpassungen für Softwareerstellungsprozesse verfolgen absichtlich einen sehr generellen Ansatz. Da es viele unterschiedliche Arten von Erstellungsprozessen gibt, sind auch die Verbesserungsmöglichkeiten vielzählig. Die erarbeiteten Lösungsansätze lassen sich auf einfache Weise in bestehende Prozesse integrieren. Außerdem zeigt die grobe Einschätzung der Umsetzungsaufwände, dass die meisten Ansätze kurz- oder mittelfristig verfolgt und umgesetzt werden können. Einige der konkret vorgeschlagenen Lösungen benötigen nur recht kleine individuelle Anpassungen, bevor sie für das eigene Unternehmen oder Projekt übernommen werden können. Andere Ansätze wiederum müssen für einen konkreten Einsatz erst noch genauer spezifiziert und erarbeitet werden. Dennoch liefert diese Arbeit einen guten Einstieg für Softwarehersteller, die gewillt sind, ihre internen Entwicklungsprozesse zu optimieren, um den Anforderungen der DSGVO frühzeitig und ganzheitlich bereits im Entstehungsprozess der Software gerecht zu werden. Durch ein systematisches Vorgehen und einer Implementierung der datenschutzrelevanten Themen bereits im Entwicklungsprozess können für die Zukunft Aufwände und gegebenenfalls sogar Strafen eingespart werden.

7.2 Ausblick

Der Stichtag 25.05.2018 war ein besonderer Tag für Unternehmen und Bürger deren Daten in der EU verarbeitet werden. Seit diesem Tag stehen die Konzerne unter besonderer Beobachtung durch die Aufsichtsbehörden, aber auch durch die Bürger selbst. Es wird sich zeigen, ob die getroffenen Vorbereitungen innerhalb der Unternehmen ausreichend waren, ob die DSGVO zu einer Vereinfachung des Datenschutzrechts führt, ob die Aufsichtsbehörden und rechtssprechenden Instanzen der EU ihrer Pflicht nachkommen können, ob die abschreckende Höhe der Sanktionen bei Datenschutzverstößen ihre Wirkung entfaltet und ob die ambitionierten Ziele der DSGVO erreicht werden können. Sind erst einmal einige Monate vergangen, werden sicherlich innerhalb der Unternehmen auch die indirekt betroffenen Bereiche eine genauere Betrachtung erfahren. Gerade in serviceorientierten Firmen, wird es zu verstärkten Anpassungen in sämtlichen Handlungsfeldern führen, da dort anhand von Managementframeworks und Prozessvorlagen meist ganzheitliche Betrachtungen durchgeführt werden. Hier bieten Best-Practices Sammlungen wie ITIL die perfekten Grundlagen, um eine Unternehmensweite Ausrichtung in Richtung Datenschutzkonformität zu schaffen.

Die Softwarehersteller werden schnell darauf stoßen, dass die Erstellungsprozesse ebenfalls angepasst werden sollten. Dabei werden die hier genannten Ansätze in der Praxis nicht ausreichend sein. Vielmehr sollten auf Grundlage dieser Erkenntnisse weitere Untersuchungen angestrebt werden. So sollte beispielsweise die Prozessphase des Softwarebetriebs genauer untersucht werden. Es sollte elaboriert werden, welche Betriebsmodelle sinnvoll sind, welche Anpassungen möglich oder sogar notwendig sind, wie ein konkreter Prozess entworfen und implementiert werden kann. Weiterhin wären Fallstudien zur Verankerung von datenschutzfördernden Maßnahmen in die Softwareerstellungsphasen des Requirements-Engineerings, der eigentlichen Entwicklungsarbeiten und dem Bereich des Testmanagements interessant. Dies könnte auch Aufschluss über den Umfang von möglicherweise anfallenden Mehraufwänden geben. Das gilt sowohl für klassische Entwicklungsprozesse als auch für agile Methoden.

Eine Vernachlässigung dieser Themen, oder der Ausrichtung nach datenschutzkonformen Richtlinien werden sich Unternehmen in der Zukunft nicht mehr leisten können. Es ist davon auszugehen, dass Zertifikate für den Nachweis der Einhaltung der DSGVO für Kunden zukünftig von größerer Bedeutung sind. Außerdem ist davon auszugehen, dass eine Vielzahl von Bürgern innerhalb der EU ihre Rechte auf Auskunft über die gespeicherten Daten, Übertragung ihrer Daten, oder der

Löschung ihrer Daten in Anspruch nehmen. Dies wird Unternehmen dazu zwingen, sich ganzheitlich systematisch mit dem Thema DSGVO auch über den 25.05.2018 hinweg zu beschäftigen.

8 Glossar

Auftragsverarbeiter: Eine natürliche oder juristische Person, Behörde, Einrichtung oder andere Stelle, die personenbezogene Daten im Auftrag des Verantwortlichen verarbeitet.

BPMN: Die Business Process Model and Notation bezeichnet eine grafische Darstellungsnotation für Geschäftsprozesse und Arbeitsabläufe.

ITIL: IT Infrastructure Library ist eine Sammlung vordefinierter Prozesse, Methoden und Rollen, wie sie in der IT-Infrastruktur von vielen Unternehmen vorkommen.

Quality Gate: Quality Gates sind definierte Punkte in einem Entwicklungsablauf, bei denen eine Überprüfung der Qualität, anhand vordefinierter Kriterien, des entsprechenden Artefakts erfolgt. Erst nach erfolgreichem Passieren des Quality Gates (alle Kriterien sind erfüllt), kann ein Übergang zum nächsten Projektschritt erfolgen.

Test-Driven-Development: Bei der testgetriebenen Entwicklung werden die Software-Tests vor der eigentlichen Erstellung der zu testenden-Komponente entwickelt. Dies wird häufig mit sogenannten Unit-Tests realisiert. Es erfolgt also erst die Erstellung des Tests. Anschließend, wird so lange an der zu erstellenden Komponente gearbeitet, bis der Test erfolgreich absolviert wird.

Verarbeitung: Jeder mit oder ohne Hilfe automatisierter Verfahren ausgeführter Vorgang oder jede solche Vorgangsreihe im Zusammenhang mit personenbezogenen Daten wie das Erheben, das Erfassen, die Organisation, das Ordnen, die Speicherung, die Anpassung oder Veränderung, das Auslesen, das Abfragen, die Verwendung, die Offenlegung durch Übermittlung, Verbreitung oder eine andere Form der Bereitstellung, den Abgleich oder die Verknüpfung, die Einschränkung, das Löschen oder die Vernichtung.

Verantwortlicher: Die natürliche oder juristische Person, Behörde, Einrichtung oder andere Stelle, die allein oder gemeinsam mit anderen über die Zwecke und Mittel der Verarbeitung von personenbezogenen Daten entscheidet; sind die Zwecke und Mittel dieser Verarbeitung durch das Unionsrecht oder das Recht der Mitgliedstaaten vorgegeben, so können der Verantwortliche beziehungsweise die bestimmten Kriterien seiner Benennung nach dem Unionsrecht oder dem Recht der Mitgliedstaaten vorgesehen werden.

9 Literaturverzeichnis

Bayerisches Landesamt für Datenschutzaufsicht (Hrsg.). (2017): Erste Hilfe zur Datenschutz-Grundverordnung für Unternehmen und Vereine: Das Sofortmaßnahmen-Paket: Verlag C.H. Beck; C.H.Beck.

Beckedahl, M. (2018): Facebook: Datenabgriff von 87 Millionen Nutzern ist nur Spitze des Eisberges (URL: https://netzpolitik.org/2018/facebook-daten-abgriff-von-87-millionen-nutzern-ist-nur-spitze-des-eisberges [letzter Zugriff: 07.05.2018]).

Bitkom.org (Hrsg.) (2016): Datenschutzverordnung & Privacy Shield ([letzter Zugriff: 11.05.2018].

Braun, W./Dehmel, S./Gossen, H. et al. (2017): Das Verarbeitungsverzeichnis. Verzeichnis von Verarbeitungstätigkeiten nach Art. 30 EU-Datenschutz-Grundverordnung (DS-GVO) (URL: https://www.bitkom.org//NP-Themen/NP-Vertrauen-Sicherheit/Datenschutz/FirstSpirit-1496129138918170529-LF-Verarbeitungsverzeichnis-online.pdf [letzter Zugriff: 10.05.2018]).

Bruggmann, T./Ferner, J./Klebs, H. (2017): Lexikon für das IT-Recht 2017/2018. Die 150 wichtigsten Praxisthemen (8. Aufl.): Verlagsgruppe Hüthig Jehle Rehm.

BVDW Bundesverband Digitale Wirtschaft e.V. (Hrsg.). (2017): EU-Datenschutzgrundverordnung 2018. BVDW-Praxisleitfaden (1. Auflage). Düsseldorf: BVDW.

Calder, A. (2017): EU-DSGVO. Eine Kurzanleitung. Ely: itgp, IT Governance Publishing; ProQuest.

Ebel, N. (2008): ITIL V3 Basis-Zertifizierung. Grundlagenwissen und Zertifizierungsvorbereitung für die ITIL® Foundation-Prüfung (Bd. 3). München: Addison-Wesley.

Eckstein, J. (2015): Agile Softwareentwicklung in großen Projekten. Teams, Prozesse und Technologien - Strategien für den Wandel im Unternehmen: dpunkt.verlag.

Europäische Kommission. (2015): Fragen und Antworten – Datenschutzreform [letzter Zugriff: 27.04.2018. URL: http://europa.eu/rapid/press-release_MEMO-15-6385_de.htm.

Feiler, L. (2017): Die 69 Öffnungsklauseln der DS-GVO. Regelungsspielräume der nationalen Gesetzgeber. DS-GVO – Der Traum der Vollharmonisierung des Datenschutzrechts (URL: http://www.lukasfeiler.com/presentations/Feiler_Die_69_Oeffnungsklauseln_der%20DS-GVO.pdf [letzter Zugriff: 01.05.2018]).

Franz, K./Tremmel, T./Kruse, E. (2018): Basiswissen Testdatenmanagement. Aus- und Weiterbildung zum Test Data Specialist - Certified Tester Foundation Level nach GTB: dpunkt.verlag.

Gaydarov, N. (2017): GDPR and ITIL – a match made in... (URL: https://www.linkedin.com/pulse/gdpr-itil-match-made-nikola-gaydarov-itil-expert- [letzter Zugriff: 10.05.2018]).

Grünfelder, S. (2017): Software-Test für Embedded Systems. Ein Praxishandbuch für Entwickler, Tester und technische Projektleiter (2. aktualisierte Auflage). Heidelberg: dpunkt.verlag.

Gutsch, I. (2018): Datenschutz Grundverordnung DSGVO. Praktischer Leitfaden für Selbständige und kleine Betriebe: Books on Demand.

Haar, T. (2018). Kurz vor knapp. Strukturiertes Vorgehen beim Umsetzen der DSGVO. In: iX, 18. Jg., Heft 01, S. 34–36.

Häder, M. (2010): Empirische Sozialforschung (2., überarbeitete Auflage). Wiesbaden: VS Verl. für Sozialwiss.

Herbig, D. (2018): DSGVO und Videospiele: Warum manche Entwickler ihre Online-Games jetzt abschalten (URL: https://www.heise.de/newsticker/meldung/DSGVO-und-Videospiele-Warum-manche-Entwickler-ihre-Online-Games-jetzt-abschalten-4040471.html [letzter Zugriff: 07.05.2018]).

Herbst, T. (2017): Datenschutz-Grundverordnung. Kommentar (Kühling, J. & Buchner, B., Hrsg.). München.

Hoffmann, A. (2017): EU -Datenschutzrecht. - ein Überblick (URL: https://www.cep.eu/fileadmin/user_upload/cep.eu/Studien/EU-Datenschutzrecht/cepStudie_EU-Datenschutzrecht.pdf [letzter Zugriff: 21.04.2018]).

Holland, M. (2018): Cambridge Analytica. Chef prahlt mit Wahlbeeinflussung und Erpressungsversuchen (URL: https://www.heise.de/newsticker/meldung/Cambridge-Analytica-Chef-prahlt-mit-Wahlbeeinflussung-und-Erpressungsversuchen-3999001.html [letzter Zugriff: 21.05.2018]).

Hudy, F. (2016): Data Breach Notification: Datenpannen in der DSGVO (URL: https://www.datenschutzbeauftragter-info.de/data-breach-notification-datenpannen-in-der-dsgvo/ [letzter Zugriff: 10.05.2018]).

Intersoft consulting services AG (Hrsg.) (2016): Datenschutz-Grundverordnung. Bußgelder und Sanktionen. Veröffentlicht unter dem Pseudonym Dr. Datenschutz (URL: https://www.datenschutzbeauftragter-info.de/datenschutz-grundverordnung-bussgelder-und-sanktionen/ [letzter Zugriff: 01.05.2018].

Intersoft consulting services AG (Hrsg.) (2017): Räumlicher Anwendungsbereich: Wo gilt die DSGVO? Veröffentlicht unter dem Pseudonym Dr. Datenschutz (URL: https://www.datenschutzbeauftragter-info.de/raeumlicher-anwendungsbereich-wo-gilt-die-dsgvo/ [letzter Zugriff: 28.04.2018]).

ITIL.org - Glenfis AG (URL: http://os.itil.org/osSite/osPicWin.php?pic=/osMedia/pic/01_itil_so_proz03_2020_or.jpg&template=1 [letzter Zugriff: 10.05.2018]).

Zaczyk, S. M. (Mitarbeiter) (2017): EU-DSGVO fordert auch das IT Service Management heraus — ITSM Consulting AG (URL: https://www.itsm-consulting.de/news-events/news-feed/eu-dsgvo-fordert-auch-das-it-service-management-heraus [letzter Zugriff: 03.05.2018]).

Jäger, M., Peter Schmitz (Mitarbeiter) (2017): ITIL-Methoden helfen bei der DSGVO-Umsetzung (URL: https://www.security-insider.de/itil-methoden-helfen-bei-der-dsgvo-umsetzung-a-662985/ [letzter Zugriff: 04.05.2018]).

Jobst, E./Meyr, E.-M./Vellmer, C. (2017): Stärken und Schwächen Analyse der EU-DSGVO aus Sicht des EU-Bürgers. Eine qualitative Inhaltsanalyse (URL: http://docplayer.org/45786814-Staerken-und-schwaechen-analyse-der-eu-dsgvo-aus-sicht-des-eu-buergers-eine-qualitative-inhaltsanalyse-esther-jobst-eva-maria-meyr-christian-vellmer.html [letzter Zugriff: 01.05.2018]).

Kempter, S. (2018): ITIL-Prozesse. ITIL Prozesse nach ITIL 2011 (URL: https://wiki.de.it-processmaps.com/index.php/ITIL-Prozesse [letzter Zugriff: 14.05.2018]).

Kühl, S./Strodtholz, P./Taffertshofer, A. (2009): Handbuch Methoden der Organisationsforschung: Quantitative und Qualitative Methoden: VS Verlag für Sozialwissenschaften.

Kühling, J./Klar, M./Sackmann, F. (2018): Kühling/Klar/Sackmann, Datenschutzrecht (4. Aufl.): Müller Jur.Vlg.C.F.

Lepperhoff, N. & Müthlein, T. (Hrsg.). (2017): Leitfaden zur Datenschutz-Grundverordnung. Detailfragen und erste Schritte in der betrieblichen Praxis (1. Auflage). Köln: Datakontext.

Liggesmeyer, P./Sneed, H. M./Spillner, A. (2013): Testen, Analysieren und Verifizieren von Software. Arbeitskreis Testen, Analysieren und Verifizieren von Software der Fachgruppe Software-Engineering der GI Proceedings der Treffen in Benthe und Bochum, Juni 1991 und Februar 1992 (Informatik aktuell). Berlin: Springer.

Loomans, D./Matz, M./Wiedemann, M. (2014): Praxisleitfaden zur Implementierung eines Datenschutzmanagementsystems. Ein risikobasierter Ansatz für alle Unternehmensgrößen. Wiesbaden: Springer Vieweg.

Mohr, M. A. (2016): Projekt falsch gelaufen? – In Zukunft wohl nicht mehr! (URL: http://www.hbu.ch/de/Projekt_falsch_gelaufen__In_Zukunft_wohl_nicht_mehr.b102.10428.html [letzter Zugriff: 02.05.2018]).

Moos, F./Schefzig, J./Arning, M. (2018): Die Neue Datenschutz-Grundverordnung: MIT Bundesdatenschutzgesetz 2018: Walter de Gruyter GmbH.

Mühlbauer, H. (2018): EU-Datenschutzgrundverordnung (DSGVO). Praxiswissen für die Umsetzung im Unternehmen : Schnellübersichten (Beuth Pocket, 1. Auflage 2018, Sonderdruck). Berlin: Beuth Verlag GmbH.

Mühlich, R./Maskow, B./Kuhrau, S. et al. (2018): Datenschutz 2018. Alles, was Sie jetzt wissen müssen!: Forum Verlag Herkert GmbH.

O.V.: AGILE-PRINZIPIEN © ShakingTrees.de (URL: https://shakingtrees.jetzt/interim/agile-prinzipien [letzter Zugriff: 03.05.2018]).

Partsch, H. (2010): Requirements-Engineering systematisch. Modellbildung für softwaregestützte Systeme (eXamen.press). Berlin: Springer.

Rammo, K. (2016): Datenschutzmanagement nach der DSGVO – Leitfaden für die Praxis (URL: https://www.datenschutzbeauftragter-info.de/datenschutzmanagement-nach-der-dsgvo-leitfaden-fuer-die-praxis/#Datenschutzversto%C3%9F [letzter Zugriff: 10.05.2018]).

Realtimepublishers.com. (2007): The Shortcut Guide to Improving IT Service Support Through ITIL: Realtimepublishers.com.

Rupp, C. (2014): Requirements-Engineering und -Management. Aus der Praxis von klassisch bis agil (6. Aufl.). München: Hanser.

Schiefer, H./Schitterer, E. (2008): Prozesse optimieren mit ITIL. Abläufe mittels Prozesslandkarte gestalten; Compliance erreichen und Best Practices nutzen mit ISO 20000, BS 15000 & ISO 9000 (IT-Management und -Anwendungen, 2., überarb. Aufl.). Wiesbaden: Vieweg + Teubner.

Schnauder, V./Jarosch, H./Thieme, I. (2001): Praxis der Software-Entwicklung. Techniken - Instrumente - Methoden; mit CD-ROM mit Demo-Entwicklungsumgebungen für strukturierte und objektorientierte Herangehensweisen (case/4/0 v5.0 und ObjectiF v4.5) (Edition expertsoft, Bd. 30). Renningen-Malmsheim: expert-Verl.

Schneider, A. (2012): Erfolg in Data-Warehouse-Projekten: Eine praxisnahe Analyse von Erfolgsfaktoren und -kriterien: Diplomica Verlag.

Sowa, A. (2017): IT-Prüfung, Sicherheitsaudit und Datenschutzmodell. Neue Ansätze für die IT-Revision: Springer Fachmedien Wiesbaden.

Spitta, T. (2013): Software Engineering und Prototyping. Eine Konstruktionslehre für administrative Softwaresysteme: Springer Berlin Heidelberg.

Stake, R. E. (2013): Multiple Case Study Analysis: Guilford Publications.

Starke, G./Hruschka, P. (2018): Knigge für Softwarearchitekten: entwickler.press.

Tinnefeld, M. T./Buchner, B./Petri, T. et al. (2017): Einführung in das Datenschutzrecht: Datenschutz und Informationsfreiheit in europäischer Sicht (6. Aufl.): De Gruyter.

Van Bon a.o., J. (2012): ITIL® 2011 Edition - Das Taschenbuch: van Haren Publishing.

Voigt, P./dem Bussche, A. von. (2018): EU-Datenschutz-Grundverordnung (DSGVO). Praktikerhandbuch. Berlin, Heidelberg: Springer Berlin Heidelberg.

Voigt, T. A. (2011): Das Datenerhebungsdilemma in der empirischen Strategieforschung: Methodendiskussion und Handlungsempfehlungen am Beispiel der Lebensmittelindustrie: VS Verlag für Sozialwissenschaften.

Whittaker, J. A. (2009): Exploratory software testing. Tips, Tricks, Tours, and Techniques to Guide Test Design. Upper Saddle River, N.J: Addison-Wesley.

Wiese, K. (2017): Die neue Datenschutz-Grundverordnung (EU-DSGVO) -Was Sie wissen sollten (URL: https://medium.com/plenigo/die-neue-datenschutz-grundverordnung-eu-dsgvo-was-sie-wissen-sollten-f27b4d44b2bb [letzter Zugriff: 01.05.2018]).

Witte, F. (2015): Testmanagement und Softwaretest. Theoretische Grundlagen und praktische Umsetzung (1. Auflage). Wiesbaden: Springer Vieweg.

Wolf, H./Bleek, W.-G. (2017): Agile Softwareentwicklung. Werte, Konzepte und Methoden: dpunkt.verlag.

Wolf, K./Sahling, S. (2014): Incident Managemen. Komplexe Störungen in der IT erfolgreich beheben: Carl Hanser Verlag GmbH & Company KG.

Wüpper, E. (2017). Den Datenschutz sicher im Griff. Warum die Einbindung der EU-DSGVO-Anforderungen in ein ISMS sinnvoll ist. In: iX Themenbeilage Datenschutz & Datensicherheit, 17. Jg. [letzter Zugriff: 10.05.2018. URL: http://wmc-direkt.de/downloads/Heise_Beilage_WMC_Artikel_ISMS_und_EUDSGVO_2017.pdf.

Wybitul, T. (2017): EU-Dateschutz-Grundverordnung. Handbuch (1. Aufl.): Fachmedien Recht und Wirtschaft.

Zuckerberg, M. (2018): 1 HEARING BEFORE THE UNITED STATES HOUSE OF REPRESENTATIVES COMMITTEE ON ENERGY AND COMMERCE. Testimony of Mark Zuckerberg Chairman and Chief Executive Officer, Facebook (URL: https://docs.house.gov/meetings/IF/IF00/20180411/108090/HHRG-115-IF00-Wstate-ZuckerbergM-20180411.pdf [letzter Zugriff: 07.05.2018]).